JN271997

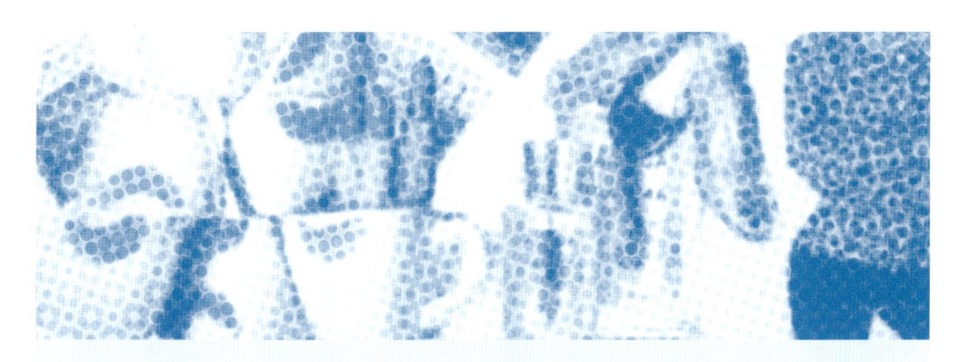

コラージュの見方・読み方
心理臨床の基礎的理解のために

山上榮子 著 Eiko Yamagami

ナカニシヤ出版

はじめに

　日本におけるコラージュ療法は，森谷（1987，1988）が医療臨床で試み始めて以来，さまざまな領域で用いられるようになった。医療，教育，福祉，産業，矯正など，材料もやり方も手軽なだけにさまざまな職種の人が試みている。しかし，普及はしてきたが，コラージュをどう受けとめるのか，つまり，制作されたコラージュ作品をどう理解するのか，という客観的な解釈基準については，まだ決定的なものはない。コラージュが数量化，標準化し難いアートたる特性を持つにしても，コラージュを理解し読み取る手立てが今求められていると思う。とりわけ，臨床経験の少ない初心者が実施する場合，解釈基準は必要である。

　もちろん，先行研究として「判断軸」（森谷，1999a），「印象評定尺度」（今村，2006）など，参考になる基準はあるが，これらは査定者の主観的判断に基づくところが大きい。適正な判断ができるだけの臨床経験を持っていれば問題ないであろう。実際，豊かな専門的集積から紡ぎだされる職人技的読み方は魅力的ではある。しかしそれは初心者には難しい。また，コラージュ表現はセラピーの中で用いられることが多い。その時，セラピストにとっての間主観性は，コラージュ理解についても求められるものであるが，そこにはセラピスト・クライエントの関係性構築が前提となっている。ところが昨今のコラージュは，そのような濃密な二者関係の中で作られるとは限らない。一回限りの出会いの中で，コラージュが制作されることも少なくないのである。このような時，客観的な指標や読み方のストラテジーがあれば，コラージュ理解の助けになり，ひいては制作者が理解されたと感じ，そこに作り手と読み手にとっての間主観性の場が生じる可能性もある。

　そこで，本書では，心理臨床の実際的ニーズに応えられるようなコラージュの新しい解釈法として，コラージュ解釈仮説を提案したい。それには，初心者にも容易な解釈法をめざすために，「検査者にやさしい」と言われる投映法ハ

ンドテストの解釈法を援用する。なぜロールシャッハ法でなくハンドテストなのかについては第2章で詳しく述べるが、コラージュ査定を考え始めた時の筆者の直観に依っている。おそらく、コラージュの素材が、どこにでもある風景や人物の写真という日常性を特徴とすることと、「手」の絵が素材であるハンドテストの日常性とが合致したからではないかと考える。この直観は、解釈仮説を現実化する過程で、理論的にもサポートされることになった。

　なお、コラージュ表現の査定をめぐる基礎的集計調査研究には箱庭療法の基礎的集計調査研究が影響している経緯があり、岡田（1984）や木村（1985）が始めた基礎研究の伝統があるからこそ、コラージュ療法における査定への道も開かれたのだと思われる。箱庭に原点がありながらも、コラージュならではの、独自の解釈・査定を本書で考えたい。

　さて、本書を臨床現場でのコラージュ理解にすぐ役立てたいとお考えの読者には、第1章のコラージュの現況を読んだ後、第3章のスコアリングカテゴリーの解説に繋ぐことをお勧めしたい。つまり、第2章はコラージュ解釈仮説の理論的側面であるハンドテストを中心に詳説しているので、実際のコラージュ作品をどう読むかには直接関係しないように思われるかもしれないのである。そのため、そこはスキップして、第3章に挙げたスコアリングカテゴリーの定義と意味づけを参考にしながら、まずは1枚のコラージュ作品を目の前に置き、ひとつひとつ当てはまる項目がないかスコアをしていただきたい。その際、最後に載せた解釈シートを用いるのが簡便である。そして、スコアリングをした後、その作品の制作者が大学生の場合は第5章を、というように、所属する母集団の標準データを参照しながら、その作品の特徴をつかんでいく。その時、制作者の生活歴や家族関係、そして問題点などの諸情報が分かる時は、そのことを考慮しつつコラージュをみていくと、スコアが生かされ、しかもスコアを越えた深い読み方ができるのではないかと思う。本書は、スコアリングに焦点を与えたため、質的解釈が弱い点が気がかりであるが、作品を理解するための手始めと位置づけて進めていただければ幸いである。

目　　次

はじめに　i

第1章　コラージュの現況 ────── 1
1-1　「ありふれたものの変容」としてのコラージュ　2
1-2　コラージュ表現を査定することの意義　3
1-3　「潜在空間」の効果　5
1-4　イギリスとアメリカでのコラージュ査定状況　6
1-5　日本におけるコラージュ療法の起源と発展　8

第2章　コラージュ査定のための新しい試み：投映法ハンドテストの援用 ────── 11
2-1　なぜロールシャッハ法でなくハンドテストなのか？　12
2-2　ハンドテスト・スコアリングシステムの臨床的有用性　14
2-3　ハンドテストの有効性に関する先行研究　15
2-4　ハンドテスト施行の実際　16
2-5　ハンドテスト解釈仮説　17
2-6　構造分析におけるコラージュ表現の位置づけ　20
2-7　コラージュ表現とハンドテストの類似性　21
2-8　新たな心理検査分類からみたコラージュ表現　22
2-9　視覚素材表出法の分類　24

第3章　コラージュ解釈仮説 ────── 27
3-1　コラージュ・スコアリングカテゴリー　28
　3-1-1　内容と様式から成る2元性のスコアリングシステム　28
　3-1-2　カテゴリーの定義　34

3-1-3　各スコアの例　35
　　3-1-4　スコアリングカテゴリーの意味づけ　42
　3-2　コラージュ・スコアリングカテゴリーの確定推移と統計的信頼性，およびその活用　47
　　3-2-1　目　的　47
　　3-2-2　対象と方法　47
　　3-2-3　結　果　48
　　3-2-4　考　察　50

第4章　一般成人のコラージュ表現 ─────── 53

　4-1　目　的　54
　4-2　対象・方法　54
　4-3　結　果　54
　4-4　一般成人のコラージュ解釈実際例　60
　4-5　考　察　65

第5章　大学生のコラージュ表現 ─────── 67

　5-1　目　的　68
　5-2　対象・方法　68
　5-3　結　果　69
　　5-3-1　量的分析　69
　　5-3-2　質的分析　75
　5-4　大学生のコラージュ解釈実際例　79
　5-5　考　察　86
　　5-5-1　自己愛の傷つきに対する過敏さ　86
　　5-5-2　個別性　87
　　5-5-3　イニシエーションとしてのコラージュ表現　87
　5-6　まとめ　88

第 6 章　高齢者のコラージュ表現 ―――――― 89

- 6-1　目　　的　90
- 6-2　対象・方法　90
- 6-3　結　　果　91
- 6-4　高齢者のコラージュ解釈実際例　98
- 6-5　考　　察　102

第 7 章　さまざまな臨床事例のコラージュ査定 ―――――― 105

- 7-1　どもらずにおれない重症強迫神経症の男性　108
- 7-2　解離性全健忘の主婦　113
- 7-3　自分だけ違う空間にいると感じる女子高校生　116

第 8 章　社会恐怖のコラージュ療法 ―――――― 121

- 8-1　事例の概要　122
- 8-2　面接経過　123
- 8-3　考　　察　135

第 9 章　スコアリングカテゴリーからみた青年期広汎性発達障害 ―――――― 145

- 9-1　事例 1　注射が怖い女子学生 A　146
- 9-2　事例 2　かっとなると大声を出してしまいそうになる青年　155
- 9-3　考　　察　159

第 10 章　総合的考察 ―――――― 161

- 10-1　世代の違いとコラージュ表現　162
- 10-2　コラージュ表現に投映されやすいペルソナ　164
- 10-3　「コラージュ解釈仮説学習前後」シートを用いて　166
- 10-4　コラージュ解釈仮説の意義と今後の課題　167

文　献　171
あとがき　177
付　表　181
索　引　185

第 1 章

コラージュの現況

1-1 「ありふれたものの変容」としてのコラージュ

　コラージュは，1912年Picasso, P. による「藤張りの椅子のある静物」で始まった視覚芸術領域の一技法である。そこでは，本物の縄と摸造布が貼られることで，それまでにない独特の絵画世界が展開した。さらにPicassoは，新聞紙，壁紙，楽譜などさまざまな紙を切って貼るパピエ・コレ（貼り紙）を発展させた後，「ボリュームの中に実際の空間を取り込もうとする」(Bernadac, M.-L. & Bouchet, P., 1991) 試みを立体構成として完成させた。なお，美術史におけるコラージュの展開については入江（1993，1999）がすでに詳説している。ここでは先行研究では触れられていない側面に光を当てたい。まず，くまがいマキ（2001）が紹介する触覚コラージュとも言えるSvankmajer, J. である。彼は，石，人骨，羽毛，昆虫，枯れ枝などを用いて，触覚に訴えかけるコラージュを作り，その芸術性を問うた。また，「箱の旅人」（金井，2005）と呼ばれるCornell, J. は，小さな木製の箱の中に，写真や玩具，ガラス玉，機械の部品，枯れた花などを納め，「完璧に充足した世界」を築き上げた。この立体コラージュは，幼い世界から成熟した世界という時の流れすら内包しているように思える。このCornellはDuchamp, M. と同様に，どんな物でも注目され心がこめられることにより，芸術になりうることを追求した。実際，ロンドンのテート・モダン美術館には，薬ビンの棚でいっぱいになった部屋や，ほうきなどの掃除道具が整然と並んだ部屋など，入室した途端あっと驚くような，意外な材料を使った芸術が人々を圧倒する。

　また絵本作家の中には，「はらぺこあおむし」で有名なCarle, E.（1976）や，「花咲き山」の滝平二郎（1969），『いやだいやだ』のせなけいこ（1969）など，コラージュや切り絵で独創的な世界を生み出し，子どもたちを魅了している人もいる。さらに，ファブリック芸術家としてのStevenson, C.（1998）は，ハンドメイドの紙作りでオリジナリティを追求するだけでなく，「ありふれたものからすばらしいものへの変容 Transforming the ordinary into the extraordinary」をキャッチフレーズに，さまざまなコラージュを芸術性の高いものに完成させている。包み紙，写真，ジクソーパズルの小片，布，その他

捨てられる運命にあるがらくたも，彼女の目にとまり手が加わる事により，めくるめく世界に変容する。シアトルで活躍する Stevenson には，北米の女性たちによって継承されているパッチワークの伝統が受け継がれているのかもしれない。この Stevenson の作品は病院や教会に飾られ，身体や心の弱っている人たちに，見ることによるセラピー効果をもたらしている。

　このようにコラージュは，本来の目的を超えた所に成立する。衣服のための布地やボタン，雑誌を構成する一葉の写真，宣伝のための広告ちらしなどは，その役割を超える。つまり，これらの「ありふれたもの」は本来の姿を超え，ハサミと糊を媒体にしてリ・サイクルされ（再び円環となって），動き始めるのである。この「ありふれたものからすばらしいものへの変容」こそ，メタ芸術としてのコラージュの特徴を示しているであろう。

　また，「コラージュ」を内包する「フォトモンタージュ」について言及した Ades, D.（1986）も，フォトモンタージュが「平凡な物体は新しい環境に移されると謎めいたものになる」という効果をねらっての手法であることを指摘している。Ades や Stevenson の指摘するように，どこにでもあるものもモンタージュ（操作構成）し，あるいはコラージュ（切り貼り）することにより，個性あふれる独自の世界が現われるのである。

　しかし，素材が平凡なだけに，完成した作品を解釈するのは難しい。つまり，日常使い慣れたものを用いて表現されているため，人々はついうっかりと日常的感覚で，作品を読み取ってしまう。単なる一般的な鑑賞の場合は，どうコラージュ作品を読み取ろうと弊害はない。しかし，心理臨床場面で作られた作品を解釈する時はどうであろうか？　制作者の意識的・無意識の真意が理解されなければならないはずであるが，見慣れた素材に幻惑され，専門家ですら素人判断的で恣意的な解釈をしてしまうことにもなりかねない。ここに，コラージュ表現についての客観的な解釈基準が求められる大きな理由がある。

1-2　コラージュ表現を査定することの意義

　コラージュ表現の本質的特徴である「素材の平凡さ」が解釈基軸を要請する一因であるが，他にもコラージュ査定の意義がある。まず，コラージュ療法に

おいてである。ここでは，作品の査定に目が向いてなくてもセラピーが進行することがある。つまり，コラージュを制作すること自体が治療的効果を持ち，さらに，制作後のシェアリングにより，セラピストとクライエントは感情を共有し，セラピーが深化する。これは，セラピスト・クライエントの信頼関係の下で作られるイメージ表現活動というアートセラピーの効果である。言い換えれば，Jungの「イメージの超越機能[1]」(Henderson, J. L., 1964)や河合 (1991)の「イメージの多義性，集約性，直接性，具象性」などが働くことによる効果である。

　しかしながら，このような治療場面を離れて，コラージュ作品そのものを客観的に評価する査定も，セラピーになくてはならないものである。とりわけ，問題となるのはSchaverien, J. (1987, 1999)の言う「スケープゴート転移」が生じた時である。つまり，コラージュ療法は，クライエント・セラピスト・コラージュから成る「アートセラピーのトライアングル関係[2]」(Case, C., 1990)となり，その構造下で，転移・逆転移[3]がコラージュ作品にも投げかけられる。しかも，クライエントの受け入れ難い側面はコラージュ表現に転移される。これが「スケープゴート転移」である。こうなると，クライエントもセラピストも直接的な傷を負わなくてすむので，どうしても見過ごすことになりかねない。ここに，適切なコラージュ査定が求められる根拠がある。言い換えれば，正確なコラージュ査定がなければ，セラピーで生じている意識的・無意識的現象を認識したことにはならないであろう。特に，コラージュ表現への逆転移は，治療者の無意識的側面がかかわっているため，気がつかないままでいることが多い。そうならないためにも，コラージュ査定のための客観的枠組みが求められる。

　また，コラージュ表現は，言語的心理療法の中で，非言語的アプローチのひ

---

[1] Jungは心の機能を思考，感情，直観，感覚の4つの側面からとらえたが，イメージを通して象徴形成するときには，これら4つの側面を超えた心の働きが生じる。この肯定的創造的な心の過程が人を癒すとした。
[2] クライエント・セラピスト・アート作品から成る3項関係。
[3] クライエントにとっての重要人物（例えば母親）に対する感情がセラピストに向けられるのが転移であり，セラピストの重要人物に対する感情がクライエントに向けられるのが逆転移である。

とつとして挿入されることもある。これは風景構成法などの描画テストが挿入されるのと同じ立場である。描画が治療的効果と査定のための素材というふたつの側面を持つように，コラージュ制作もふたつの側面を持つ。つまり，コラージュ制作そのものが治療的効果を生みだすが，そのコラージュ表現には，言語的面接では出て来なかった側面が反映している。描画テストの正確な査定が求められるように，コラージュ表現にも適切な査定が必要である。ここに，投映法のひとつとして，あるいは，「パーフォーマンスベイスド技法」（Weiner, I. B., 2008）のひとつとして，臨床に役立つコラージュ表現の査定が要請されることになるのである。

1-3 「潜在空間」の効果

　コラージュ表現を査定する場合，どのような場や外的・内的状況で制作されたかが問題である。通常，コラージュが制作される場は，制作者の意図や思いという内的世界と，コラージュ作品という目に見える外的世界が交錯する「潜在（可能性）空間 potential space」で遂行される。潜在空間とは，Winnicott, D. W. (1971a) が提唱した乳児と母親についての概念であり，「乳児と母親の間，個人の内界と外界の間，空想と現実の間に広がる，潜在的であるが可能性をはらんだ仮説的な体験領域」（藤山直樹，2002）と，広い概念として定義されている。

　芸術表現については，Weir, F. (1987) が，アート作品制作中のアーティストと作品の間に潜在空間が生じることを述べており，「個人の創造的潜在的能力は，融合と分離の2領域の間にあり，融合と分離の2領域を行ったり来たり，時には同時に2要素を包含することを楽しんでやればやる程，その人はより創造的になる」のである。アート作品は，はじめは内的イメージとして自己に融合されているが，それが膨らみ，時が満つると，自己の部分的要素として分離される。この外在化した作品（子ども）を眺める時，アーティスト（親）はその作品（子ども）からまた新たな感情を喚起され，再びそれに手を加える（子どもにかかわる）というプロセスが進行していく。

　Fuller, P. (1980) は，自分が制作をしないでアートを見る時でも，この潜

在空間が生じることを示している。私たちは美術館に行った時、心惹かれる絵に出会う。その時、絵が語りかけてくるような体験をする。じっと見ているといろいろな感情が立ち上ってくる。単なる美醜を超えて、時には崇高さや震撼すら体験する。コラージュ療法におけるセラピストが、クライエントの制作したコラージュ表現に感動する時も同じであろう。このように想像的で、創造的な空間が潜在空間である。

　この潜在空間においてコラージュは作られる。それは、コラージュ療法という治療者・患者関係の構造下ではもちろん、どのような設定状況であれ、コラージュとコラージュ制作者の間に、通常は潜在空間が生まれる。制作した後に、「楽しかった」と感想を述べるのは、潜在空間でうまく遊べたからであり、「なんだかすっきりした」というのは、意識と無意識の風通しが良くなったからであろう。このように、潜在空間に問題なく移行できる人がいる反面、「自分のイメージ通りにできなかった」「不全感が残った」と述べる人も少数ながらあり、この人たちは、何らかの抑制がかかり、自由な潜在空間に移行し辛かったのかもしれない。一方、幼少期に潜在空間を持てなかった虐待サバイバーの女性は、渇望していたかのようにコラージュ表現にしがみついた。そして、何度もコラージュ制作を繰り返す中で、自分とコラージュとの間に潜在空間を築き上げていった。この山上（2008a）の事例の場合は、Asper, K.（1987）の言う「傷ついた自己愛を癒すのに必要な光と温もり」にコラージュ表現が成りえたのであり、セラピーのプロセスを促進するのにコラージュ表現が役立った。

1-4　イギリスとアメリカでのコラージュ査定状況

　このように、臨床場面でよく用いられているコラージュだが、その在り方はさまざまである。イギリスの臨床におけるコラージュ制作は、豊富な素材と表現様式を許容した非常に自由なものである。オーソドックスなコラージュ素材の写真だけでなく、ウール、石、貝殻などを用いて立体コラージュになることもある。とりわけ子どもは、ジャンク・マテリアルという空き缶、空き箱などのがらくたで遊び、創作するのを好む。例えば筆者が担当した少年M[4]の率直な口唇欲求は、紙やプラスチックの箱をいくつか組み合わせ糊付けされ、大き

なアイスクリームとなった。認知症をともなううつ病高齢者Hは，はさみと紙で数々の手の形を作り続け，時には紙に貼り，希薄になっていくアイデンティティを追い求め，筆者にアピールすることで自己を定位しようとした（山上，2005）。しかし当時これらをコラージュ療法という概念でとらえることはなかった。セラピー室には山と積まれた雑誌があり，その写真を切って貼るという典型的なコラージュですら，コラージュとはいうものの，コラージュ療法と特化した言い方は決してしなかった。つまりイギリスではどんな物もアートセラピーの材料になりうるが，材料ややり方によって異なった療法があるのでなく，あくまでアートセラピーひとくくりのものとして考える。そして，作品の解釈や理解についてもアートセラピーの基本的立場から離れるものではない。どのような治療関係で作られたのか，なぜここでこれが作られたのか，どのような感情が制作者に喚起されたかに焦点を当てて解釈・理解される。このように，素材や表現方法の自由さに比べて，治療者・患者関係の構造やその中で生じる転移・逆転移をはじめとする諸現象について，厳格な認識を求めるのが，イギリス・アートセラピーの特徴であり，コラージュ作品だけの査定はあまりしない。むしろ，自由すぎるが故に，作品だけの査定は難しいのかもしれない。

　アメリカにおけるコラージュも，鈴木（1999）によると，1970年代以降，作業療法や家族療法に用いられてはいるが，コラージュ療法と呼ばれてはいないそうだ。ただし，「マガジン・フォト・コラージュ」を著したLandgarten, H. B.（1993）は，その副題を"A multicultural assessment and treatment technique"（多文化的な査定と治療のための技法）としている。この「マガジン・フォト・コラージュ」技法（MPC法）は，TAT絵画統覚検査の不備（登場人物に有色人種はひとりも登場せず，もっぱら白人である）に注目したLandgartenが，査定・治療対象をかなり限定して試みた技法である。つまり，黒人・アジア人・ヒスパニックをはじめとする多文化の人物写真を多数用意したコラージュであり，しかも，4つの課題が与えられる。制作者は検査者の教示に従って人物写真などを貼り付けていき，その人物の考えている（話している）ことを台紙に書き込むのである。吹き出しにセリフを書き込むのは，PF

4）筆者は2001〜2003年，イギリスハートフォードシャー大学大学院にて，アートセラピーを学び，数例の事例を担当した。

スタディの形式そのものである。このようにコラージュ制作というアート活動ではあるが，指示され誘導された中での自己表現を通して，「クライエントの葛藤，防衛機制，適応様式が短時間のうちに明らかになる」(Landgarten, 1993) のであり，定型化，テスト化しようとする傾向が感じ取られる。

このように，セラピーを前面に出して，治療場面を離れた作品だけの査定をあまりしないイギリスと，定型化された投映法査定ツールとしてのアメリカ，という極端な違いがコラージュ表現に関してある。これには，（エビデンスベイストの）査定とセラピーを峻別する欧米の心理臨床家の態度が関係しているのかもしれない[5]。一方，査定のための心理テストをするにも，ラポール (rapport) を作ってから（治療的関係を作ってから）施行することが勧められたり，描画テストやロールシャッハ法にも治療的意味を見いだそうとする日本では，セラピーと査定の境界は判然としない。

「はじめに」で述べた岡田や木村の箱庭についての基礎的研究も，箱庭療法というセラピーではあるが，治療場面を離れて，玩具の種類や砂の扱い方，画面構成などから，箱庭表現そのものを査定しようとする試みであり，臨床場面での箱庭をどうみて，どう理解するかに役立つものである。本書もその流れにあり（具体的な方法論を箱庭から取り入れたのではないが），日本独自のコラージュ査定の在り方を模索するものである。

1-5　日本におけるコラージュ療法の起源と発展

上で述べたように，日本でのコラージュ療法は諸外国とは全く異なった方向から始まり，また発展してきている。森谷 (2003) の「コラージュ療法が生まれるまで」によると，「森谷は箱庭についての雑談の中で突然思いついた」とある。しかし，森谷には，それまでにすでに「コラージュと箱庭をめぐる4つのアイデアがばらばらにインプット」されていたのであり，機を熟してまとまったとも言える。つまり，「河合 (1969) による箱庭療法における玩具の重視」

---

[5] 実際，投映法を実施するにあたって，できるだけ関係性を作らないように，言葉をあまり交わさず，早くパーフォーマンスに入るようにという指導を Wagner, E. E. から受けた (Wagner, 2005)。

「河合・中村（1984）の対話の中の中村発言『組み合わせによってもともとの形の意味は変わってしまう……ある形が与えられている，基本的なものがあるということによって，かえって自由になれる』という示唆」「魂が物に投影されやすい現代人の特徴を捉えた Jaffe, A.（1964）による『物にひそむ魂』」，そして，「池田（1987）の『コラージュ論』」の4つである。「これらのすべてに共通するのは，『レディメイドの組み合わせ』という概念」（森谷，2003）に気付いた森谷は，コラージュがセラピーの一技法として有効であることを発見したのである。ここに，「簡便な2次元の箱庭」（森谷，1990）をめざしたものとして，コラージュ療法が着想された。こうして，コラージュ療法を導入することにより，絵を描くことができない人，あるいは描きたくない人でもできる，イメージ表出が可能となったのである。こうして，「平面の絵や写真（レディ・メイド）を台紙の上で組み合わせ，貼り付ける」（森谷，1990）コラージュ療法が，箱庭療法に匹敵するものとして成立した。このように，箱庭療法との関連に起源を持つ日本でのコラージュ療法は，諸外国とは異なる日本独自の特徴を持つ。箱庭療法が河合隼雄により Kalff, D. M.（1966）の"Sand Play"（砂遊び）とは異なる深化発展を遂げたように，アートの一技法であったコラージュが，日本においてコラージュ療法としてめざましい発展をしているのも，出発は森谷個人の着想にあると言えるであろう。

　このような起源を持つ日本のコラージュ療法は，箱庭療法の理解や解釈の仕方を基礎にしてきた。具体的には，全体から受ける印象がまず重要であり，つぎに要素的には，どのような写真（玩具）が，台紙（砂箱）のどの位置に，どのようにして貼られた（置かれた）かを検討することである。そのふたつの側面から制作者の心を読み取り受けとめるのであるが，選ばれた写真（玩具）のシンボルとしての意味が重要とされる。したがって，シンボルとしての意味を理解し内的解釈（受けとめ）はするが，外的解釈はあまりしない。制作者を見守り「自由にして保護された空間」（Kalff, 1966）提供を主とするのである。このような立場を主流としながら，日本では多くの臨床実践・研究がなされてきている。精神科臨床での岡田（1999），藤田（1999），日下部ら（1999），小児科臨床での近喰（1993），非行臨床の藤掛（1999），心身障害児（者）への西村（2000），学生相談での服部（1999），認知症高齢者への石崎（2001）などで

ある。また，教育臨床では，新入生児童への適応促進的なグループ・アプローチや不登校中学生への「壁コラージュ」によりコミュニケーションの場を提供したという興味深い取り組み（木内ら，2003）もある。

さらに，発達的基礎的研究としては，滝口（1994），山根（1995），岩岡（1998），山根・森谷（1999）が，それぞれ小学生，中学生，高校生を対象にコラージュの集計的調査をしており，それらのまとめもなされている（滝口・山根・岩岡，1999）。

このように，事例研究で始まり，基礎的集計調査もなされているコラージュ療法ではあるが，査定についてはまだまだ洗練された方法論はない。これまでの事例研究でのコラージュ解釈は，作品以外の情報が作品理解を助けてくれるために，客観的な解釈基軸がなくても査定ができたように思ってしまったかもしれない。また，基礎的集計調査では，調査者の関心に基づいた特徴を取り上げるために，断片的で恣意的になることもあり，集計調査に必要な体系化された数量操作がなされていなかった（切片数と余白率は先行研究でも取り上げているが）。そのため，事例解釈においても，基礎的集計調査においても適用できる解釈基準が求められるのである。ここに，状況や実施者が異なっても共有できるような査定をめざす，本書のコラージュ解釈仮説の意義があると思われる。

第 2 章

コラージュ査定のための新しい試み：
投映法ハンドテストの援用

2-1 なぜロールシャッハ法でなくハンドテストなのか？

　さて，第1章ではコラージュ作品を理解するための客観的な解釈基軸が求められることを述べた。それでは，その査定のための基準をどこに求めるかを考える時，まず既存の検査法や理論を探索するのが順当であろう。そこで，まず第1に挙げられるのはロールシャッハ法である。実際，査定のための最有力投映法としてのロールシャッハ法は，さまざまな技法を位置づけるために用いられてきた。その中には，コラージュ療法の出発点に最も関連の深い箱庭についての研究もある。岡田（1984）は，砂箱のタテ・ヨコの用い方とロールシャッハ法のK・k（通景・奥行き）決定因との関連を推測し，さらに，砂に触れることとM（人間運動）反応の対応についてのボイヤーの説を紹介した上で，砂と暖かさとの関係も示唆している。木村（1985）は，ロールシャッハ法の諸変数（反応数，決定因，反応内容など）と箱庭の諸要素（玩具の使用数や種類，玩具の置き方，砂の使用の仕方，画面の用い方など）との相関について研究した。そこでは，ロールシャッハ法のA（動物）％と箱庭における動物の使用数には相関が見いだせないことを示している。しかし，木村や岡田は，ロールシャッハ法の指標を箱庭の分類に用いようとする発想は示していないように思う。

　いったいそれはなぜであろうか？　岡田・木村ともその理由については言及していない。また，学術誌や学会などでこのテーマについて，あまり論じられたことがないように思う。その理由として，ふたつの技法の課題としての本質の違いによるのではないかと考えられないであろうか？　つまり，ロールシャッハ法は（あいまいな刺激をどうみるかという）「認知の課題である」（Lerner, 1998）ので，被験者の反応と刺激図版ブロットがどのように合致しているのか，その一致の精度，正当性や論理性を問われる。言わばエビデンスが求められる科学的課題の特徴を持つ「と同時に連想（表象）課題である」（Lerner, 1998）ため，自由な発想が許容されるアートの特徴も持つ。すなわち，ロールシャッハ法は，論理性とともに，論理にこだわらないで自由な想像力を駆使する2面性を合わせ持つのである。ところが，箱庭表現の刺激素材は，明確な意図を持

2-1 なぜロールシャッハ法でなくハンドテストなのか？

つ玩具である。ライオンはライオンなのであり，一般的には間違いようのない玩具である。それ故に，ライオンを置いた時，「このものは何ですか？」と問われることはない。むしろ，「なぜライオンを置いたのですか？」と問われることはあるかもしれない。実際に外言化して制作者に聞くことがないにしても，このライオンで何を表そうとしているのかを実施者（治療者・検査者）は考えるであろう。その意味において，箱庭表現は内的イメージを外在化させる連想（表象）課題である。

　この点，コラージュも箱庭に似た構造を持っている。コラージュ表現も箱庭と同様に，出発点となるのは，明確な図像がほとんどである。それを出発にしながら，作り手は自由な発想が許される連想（表象）課題であり，まさにアートである。そして，ハンドテストも同じような構造を持っていると考えられる。つまり，ハンドテスト図版の絵はまさしく「手」そのものでしかなく（発達段階の低さや病理性のために，手以外を認知することも時にはあるが），（これが何に見えるかという）認知の課題ではない。通常は，これは内的な何と結びついているのかという連想（表象）課題である。さらに，ロールシャッハ法の刺激図版は見慣れない非日常的なものであるのに対して，箱庭の玩具，コラージュの写真，手の絵は日頃よく見慣れた日常的なものである。このように，課題の特質と刺激の特徴の違いから，ロールシャッハ法の指標を箱庭やコラージュに援用するには無理があると思われる。

　一方ハンドテストは，箱庭やコラージュと同様の課題と刺激の特徴，すなわち，「刺激が内的な何と結びついているのか」を持つため，そのスコアリングシステムを援用することができるかもしれない。ただし，心の何と結びついているのか，どの層を反映するのかという表層か深層かという投映レベルの問題と，具体的な実施手続きの違いがあるため，そのまま移行するのは難しい。本章では，まず，ハンドテストの基本理論を紹介し，それがコラージュ作品にどのような形で適用できるのかを，検討したい。特に，ハンドテストを援用する理由として，ハンドテストの臨床的有用性と，構造分析や心理検査分類における２法（ハンドテストとコラージュ表現）の類似性という理論的観点から検討する。

2-2 ハンドテスト・スコアリングシステムの臨床的有用性

　コラージュ・スコアリングカテゴリーの作成に，ハンドテスト・スコアリングシステムを援用した理由としては，前節で述べた理由の他にも当システムの臨床的有用性がある。

　Wagner, E. E.（1983）が言うように，「（実施・スコアリング・解釈の一連のテストプロセスが）検査者にやさしい」ことが第一の有用性であろう。それは，ハンドテストの発生そのものが，「（ロールシャッハ法の）M（人間運動）反応は生活における原型的な役割，つまり被験者のなかに深く根付いていて容易に変容されず，重要で私的な問題が関与し，他人との関係を処理するのに繰り返し用いられる明確な傾向を反映する」（Piotrowski, Z. A., 1957）という特化した仮説に注目したためであるかもしれない。つまり，ロールシャッハ法においてM反応を出さない被験者の"prototypical action tendency"（原型的行動傾向）を知るためには，M反応を強制的に求める課題が必要であり，その刺激として「手」を用いたのである。

　手については吉川（2002）が発達的観点から，山上（2002）が象徴的観点から考察しているが，発生的，発達的，機能的，象徴的に非常に重要な身体器官であり，人は手で毎日外界とかかわっている。その日頃からなじみのある手の図像に対する反応は，日常的行動が出てくることが多いであろう。したがって，ハンドテストのスコアリングも頻出する反応をカテゴリー化したものであり，理解しやすいものである。この点がロールシャッハ法と大きく異なる。知覚課題であると同時に連想課題でもあるロールシャッハ法のスコアリングは，多元的で複雑であり，習得するのに時間を要する。例えば，ロールシャッハ法のスコアリングの形態水準は知覚課題をスコアリングしたものであり，一方反応内容は，連想課題をスコアリングしたものである。それが二重にスコアとして入っているので，習得しようとする者にとっては混乱を生じることになる。それに対して，ハンドテストは連想課題に一元化されている。この点が重要であり，そのために技法習得が容易なだけでなく，被験者へのフィードバックも，カテゴリーを用いて説明できるのである。この点とても実用的という長所を備えて

いる。つまり，ハンドテストのスコアリングは，反応内容のみに注目してカテゴリー化し，出現したカテゴリーは被験者の原型的行動傾向を表すとする，簡潔で容易なシステムを成立させているのである。

したがって，ハンドテストのカテゴリーをコラージュのみならず箱庭にも適用できる可能性が開かれてくる。実際，内容面のカテゴリーについては，人物が登場するか否か，その人物がどのような行動をしているのかに注目するものであり，箱庭とコラージュの両方に通用する可能性がある。ただし，2法が心のどの層を反映するのかという投映レベルの問題があり，そのまま移行できるかどうかは検討を要するであろう。また，具体的な実施手続きについては，箱庭では「砂に置く」，コラージュでは「切って貼る」という違いがあるため，ハンドテストのカテゴリーをそのまま利用はできないので，新しい指標を考える必要がある。さらに，箱庭では，査定をすること自体議論のある所である。本書では，とりあえずコラージュ表現に関してのみ，ハンドテスト解釈仮説が援用できることを検証したい。

2-3　ハンドテストの有効性に関する先行研究

本題に入る前にハンドテストの紹介と，それがいかに有効であるかについて説明しておきたい。

ハンドテストは，ロールシャッハ法の実践家であり研究者でもある Wagner が，1962 年に開発した投映法のひとつである（Wagner, 1983）。不定形の図形を刺激とするロールシャッハ法が，知覚や認知の妥当性，論理性などの問題を含むのに対して，手の絵というかなり明確に構造化された刺激を用いるハンドテストは，より直截に心理力動を投映すると考えられる。ハンドテストの有効性については，開発以来半世紀にわたり検証され続けている。年齢に基づく米国での標準化をはじめとして，欧米諸国で，さまざまな臨床群に実施されている。統合失調症，気分障害，不安障害，解離性障害，脳器質性障害などのハンドテスト結果と臨床像とを照合させて検証し，多くの知見が得られている。その集約が Young, G. R. ら（1999）の編集した *The Hand Test* である。日本においてのハンドテストは，箕浦（1970）をはじめとする矯正臨床が出発点で

ある。のちに、山上ら（2000）が Hand Test Manual（Wagner, 1983）の翻訳をして紹介し、吉川ら（2000）が日本での標準化を行い、「学校臨床への適用」（吉川, 2000）が検討されており、精神科臨床やキャンパスカウンセリングでの実践などが「臨床ハンドテストの実際」（吉川ら, 2002）としてまとめられ、人格査定に役立つ投映法であることが示されている。

2-4 ハンドテスト施行の実際

1）用　具
ハンドテスト図版 10 枚（さまざまなポーズをした手が描かれている 9 枚の図版と白紙の図版 1 枚），所定の記録用紙。

2）教　示
まず「ここに手が描いてあるカードが 10 枚あります。私が 1 枚ずつお見せしますから、その手が何をしているように見えるか言って下さい」と述べて第Ⅰ～第Ⅸカードまで順次進める。カードⅩについては「これには何も描いてありません。まず、手を頭の中に思い浮かべて下さい。さて、その手は何をしていますか？」と教示して、ブランク（白紙）カードに自由に手の動作を想起することを促す。

3）実　施
ストップウォッチを用いないやり方で、カードごとの初発反応時間を記し、反応の逐語記録をとる。

4）スコアリング
述べられた反応を一つずつ、マニュアル（Wagner, 1983）に基づいてスコアリングする。ここでは、スコアリングのやり方について順を追って示したい。
まず、反応が、求められている課題の「手の動作」に適って出された時、その反応内容に人間が含まれている場合は INT（Interpersonal）対人カテゴリーとなり、その具体的な内容によって、AFF（Affection）親愛，DEP

(Dependence）依存，COM（Communication）伝達，EXH（Exhibition）顕示，DIR（Direction）指示，AGG（Aggression）攻撃という下位カテゴリーがつけられる。反応内容に人間が含まれない場合は ENV（Environmental）環境カテゴリーとなり，その内容（非人称的世界とどうかかわっているか）により，ACQ（Acquisition）達成，ACT（Active）活動，PAS（Passive）受動の下位カテゴリーがつけられる。

つぎに，手の動作は見ているが，力が入っている時は TEN（Tension）緊張，けがや傷ついた手を見た時は CRIP（Crippled）不自由，恐怖感をともなう時は FEAR 恐怖とスコアリングをし，これらは神経症的な葛藤をともなうものとして，MAL（Maladjustive）不適応カテゴリーに集められる。最後に，反応が課題の「手の動作」に適っていない時，例えば，単なる手としか言えない時は DES（Description）記述，手以外のものを見た時は BIZ（Bizzare）奇矯，反応できない時は FAIL（Failure）失敗とスコアリングされ，これらは課題からの逸脱として WITH（Withdrawal）撤退カテゴリーに集められる。

以上が，スコアリングの中心になる量的スコアと呼ばれている主スコアであるが，それ以外に，特殊な意味が反応に含まれている時，副スコアとして以下の質的スコアをつける。

AMB 両価性，AUT 自動句，CYL 筒状，DEN 否定，EMO 情動，GRO 粗野，HID 隠蔽，IM 未熟，IMP 無力，INA 無生物，MOV 運動，ORA 口唇，PER 困惑，SEN 感覚，SEX 性的，O 独創，RPT 反復

要約すると，手のポーズを見て思い浮かんだ反応に対して，量的スコアのいずれかがスコアされるが，質的スコアについては反応によって何もスコアされないこともあれば複数のスコアが付けられることもある。

2-5 ハンドテスト解釈仮説

ひとつひとつの反応に対して正確にスコアリングした後，解釈仮説[6]に基づき，適切な推測を積み上げていく。ハンドテスト全般の解釈仮説として

6）個々のスコアに関する解釈は，コラージュ表現で援用するカテゴリーについてのみ第3章で詳しく述べる。

Wagner（1983）は,「1. 人間の行動はいくつかの要素が有機的に組み合わさったものである。2. それ自体はっきりした構造を持っていない刺激を特定しようとする知覚には,優位の行動傾向が何らかの形で反映される。3. あいまいなポーズをした手に対する反応は,行動の背後にある階層的構造（筆者注：後述する構造分析のFS外面自己とIS内面自己）を反映し,こうした反応は心理学的,あるいは診断的に分類するのに有効に用いられる」を挙げている。具体的には,スコアされた指標を被験者の原型的行動傾向とみなすのである。例えば,INT対人反応の中のDIR指示が際立っており,しかもAMB両価性も付与されているとすると,「対人関係の中で自分が主導権をとりたい傾向が強いが,その発現には両価的傾向があるためにスムーズに出せない」と考える。なお,この仮説の理論的背景として,Wagnerは以下の3点を主張している。

1）手の刺激の理論的根拠

手は外界とかかわり合う決定的な部位であるため,手の絵には典型的な行動傾向が投映される。大脳と手の間には継続的な相互フィードバックがあるため,手の絵をどう知覚し認知するかには知覚－運動系の傾向が反映される。

2）外顕的行動の測定

人格の表層に近く,直接観察可能な行動（外顕的行動）として表れやすい反応を測定する。ハンドテストに出現した原型的行動と現実行動に不一致がある時は,何らかの外的要因が関与していると考えられる。

3）構造分析からみたハンドテスト

20世紀の半ばのアメリカにおいて,「どんな理論からも自由である」（Piotrowski, 1936）投映法から,「独自の人格理論を持つ投映法」（Piotrowski, 1971）への流れを受けたWagner, E.は,構造分析を提唱した。構造分析は,知性と情動と行動の3つの特性と,心の表層から深層という層構造を組み合わせて人格をとらえようとする理論である。構造分析では,外界との境にPerceptual Motor Screen（感覚運動スクリーン）を持ち,行動に直接かかわ

Intellect (I):知性
Emotion (E):情動
Behavior (B):行動
Introspective Self (IS):内面自己
Façade Self (FS):外面自己
Perceptual Motor Screen (PMS):感覚運動スクリーン
Environment:環境

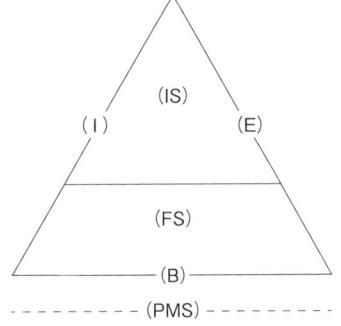

図 2-1　Wagner & Wagner (1981) による「構造分析」の図解（Wagner, 1981）

る Façade Self 外面自己（以下 FS）と，その奥にある Introspective Self 内面自己（以下 IS）を措定する（図 2-1）。つまり，人格を「表に現れたその人の外顕的特性と，直接観察することのできないその人の内的な特徴を分けて理解する事を可能にし，その人の内的体験と実際の行動との差，およびその葛藤や相補的な機能など，人格の二面性を理論的に説明」（佐々木，2008）した。

　具体的には FS は，「人生早期に獲得され，現実接触を構成する自動的で基本的な態度的行動的傾向として現れ」，IS は，「空想や願望，信念，人生の目標など，表面に表れない内的過程から成る」（Wagner & Wagner, 1981）と定義されている。この FS と IS の関係のあり様で，さまざまな人格や病態が説明される。例えば FS と IS の葛藤は神経症，弱い FS と肥大した IS は妄想症や境界例や観念優位の統合失調症，機能していない FS と IS は慢性統合失調症である。

　また，心理検査についても，FS と IS のどちらが主として投映されるのかという投映レベルの観点から，Wagner は図 2-2 のような位置づけを示している。それによると，ハンドテストは IS も含むものの，多くは FS を投映し，ロールシャッハ法は FS も反映するがそれ以上に IS を多く投映する。つまり，刺激図像が「手」という具体的なハンドテストでは，連想に制限が加わるため，自由な空想や願望などを内容とする IS はわずかに投映し，むしろ現実場面でどう対応するかという FS が多く投映される。一方，ロールシャッハ法は，未知の図像ではあるが，全く混沌としているのではなく対称性という緩い構造を

Intellect（I）：知性
Emotion（E）：情動
Behavior（B）：行動
Introspective Self（IS）：内面自己
Façade Self（FS）：外面自己
Perceptual Motor Screen（PMS）：感覚運動スクリーン
Environment：環境
Objective Personality Test（OPT）：客観的人格検査
Thematic Apperception Test（TAT）：絵画統覚検査
Rorschach Test（RT）：ロールシャッハ法
Hand Test（HT）：ハンドテスト

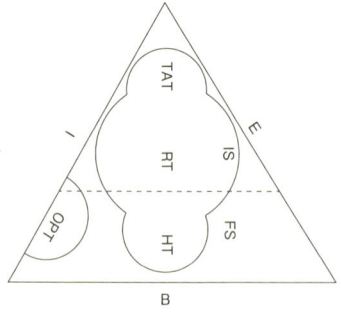

図2-2　心理検査の「構造分析」における位置づけ（Wagner & Wagner, 1981）

持つ。この特徴が無意識を刺激し，ISを引き出すのである。ただし，ISはFSを通して外界に表出されるのであるから，当然FSも，ロールシャッハ法の反応にはIS程多くはないが投映される。

2-6　構造分析におけるコラージュ表現の位置づけ

　Wagner & Wagner（1981）のDrawing A Person人物画テスト（DAP）と，山上（1993）の風景構成法やスクリブル・スクィグルに加えて，コラージュ表現の構造分析における位置づけを考えたい（図2-3）。コラージュ表現は，風景構成法のようにアイテムが指定されないために自由度は高く，理想や空想，願望などのISをかなり反映する。しかし，スクリブル・スクィグル程個人の

Intellect（I）：知性
Emotion（E）：情動
Behavior（B）：行動
Introspective Self（IS）：内面自己
Façade Self（FS）：外面自己
Perceptual Motor Screen（PMS）：感覚運動スクリーン
Environment：環境
スクリブル・スクィグル（SC）
風景構成法（LMT）

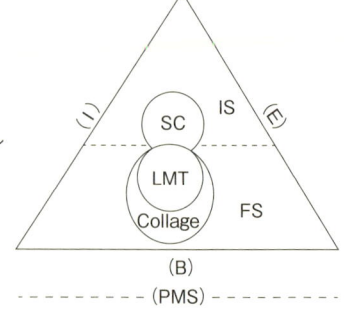

図2-3　「構造分析」におけるコラージュ表現の位置づけ（山上，1993を修正）

想像過程にまかされるのでなく，用意された写真などの刺激対象の中から選び出すという限定はある。一方FSについては，写真を選び，切って貼るという課題に取り組むのであるから，まさに外界に向けての自分の態度や行動が示されるのであり，FSそのものが立ち現れるといって良いだろう。また，コラージュは視覚・触覚・手の筋肉運動がなされるという意味においては，感覚運動スクリーンPMSが遂行の場であるとも言える。以上から，コラージュ表現は理想や空想，願望などのISを内包しながらも，FSとPMSをより多く投映するという，構造分析上の位置づけがなされると考える。

2-7　コラージュ表現とハンドテストの類似性

　コラージュはコラージュ療法という治療技法として使われることが多く，ハンドテストは心理テストのひとつであるという分類上の違いが一応ある。しかし，コラージュ表現は査定面でも治療面でも有効に機能する。1枚のコラージュ作品を正確に査定しようとする姿勢は，制作者の心に寄り添うことになり，適切なセラピーにつながる。また，心理テストであるハンドテストも，手への動作を想起していく過程で，被験者[7]は自分の行動傾向に気づくという治療的側面を持つこともある。このように，日本において査定とセラピーは判然と区別し難く，むしろ査定的側面と治療的側面は表裏一体と考えられている。したがって，コラージュ表現とハンドテストの類似性について，技法構造と投映レベルの観点から考えることに問題はないであろう。

　まず構造についてであるが，ハンドテストとコラージュ表現は，共に，被験者（制作者）の内的イメージが外在化したものである。ハンドテストは「さまざまなポーズをした手の絵」という図像を刺激として，浮かんでくる手の動作を語るものであり，言語を用いたイメージ外在化である。それに対してコラージュは，「これらの写真の中から好きなように選んで切り，この台紙に貼り付け完成させてください」という教示から視覚的対象を作ることによるイメージ外在化である。これら二法は，刺激と完成対象が交差する関係にあるものの

7）最近では「被検者 testee」という表記をすることもあるが，元来ロールシャッハ法が知覚実験として始まっているため「被験者」と表記され，本書もこれにならった。

(図像から言葉と言葉から図像)，共にすでにある，森谷（1990）の言う「レディ・メイドの」手の図像や写真を扱い，しかし自由度も高い投映法である。しかも，ハンドテストの「手の刺激により知覚−運動系の傾向が反映される」特徴は，まさに手作業であるコラージュ表現に当てはまる。もっとも，ハンドテストでは，手の筋肉運動はイメージという内的過程として，脳へのフィードバックが生じるのに対して，コラージュ制作では，手による現実行動という外的過程として，脳へのフィードバックがなされる違いはある。

　つぎに，投映レベルである。馬場（1997）は投映レベルを「テストに投映される心理的水準」と定義した上で，ロールシャッハ法を現行のテストの中で最も深層を投映するものとしている。しかも深層とは意識・無意識の垂直方向を指している。しかし，垂直方向だけではとらえきれないさまざまな側面が投映法には反映されるであろう。その点では，構造分析は知性と情動と行動の3要素と垂直方向の軸を合わせ持ち，人格を多元的に広くとらえることができる。しかも，構造分析では，コラージュ表現もハンドテストも，ISを内包しつつFSを多く投映するという位置づけがなされ，類似の投映レベルであることが分かる（図2-2と図2-3）。なお，FSはいつも意識されているとは限らず，自動化された習慣などは無意識に行為化されることがあり，意識・無意識の両方を含む。コラージュの内容については，意図しながら，あるいは少なくとも意識しつつ対象を選んでいるという意味において，FSの意識的側面がより強く反映するであろう[8]。それに対して切る・貼るなどの形式的側面は，あまり意識しないでその行為をしているため，FSの無意識的側面がより強く反映するかもしれない。

2-8　新たな心理検査分類からみたコラージュ表現

　コラージュ表現とハンドテストの類似性について技法の特徴や構造分析から検討したが，本節では心理検査分類に関する新しい視点から述べたい。
　従来，心理検査は知能検査・人格（性格）検査・作業検査に分けられ，その

---

[8］統合失調症など，自我水準の低下している場合，意図されなくて選ばれることもある。この場合，内容に無意識的側面が反映するのかもしれない。

うちの人格（性格）検査は，客観的検査としての質問紙法と，ロールシャッハ法などの投映法に分類されていた。しかし，質問紙法では，標準化・客観化された質問の数々について，被験者は主観的に答えるのであり，他方，ロールシャッハ法では，あいまいな図像に対する主観的な反応をカテゴリー化することにより，客観的解釈に近づけるのであるから，主観性・客観性に基づく分類には多くの矛盾を含むことになる。この心理検査分類をめぐり米国ではさかんに論争されてきており，新しい潮流がすでに生まれている。そのひとつが，Weiner, I. B.（2008）の"performance based measure"（パフォーマンス・ベイスド測定）の考え方である。

　Weiner は，心理査定を「性格特徴や機能している能力や行動傾向について幅広く情報を集める事であり，その収集のために広範囲の方法を用いる」と定義した上で，査定を人格査定，神経心理学査定，知的能力査定の３つに分けている。そしてさらに，人格査定は"performance based measure"（パフォーマンス・ベイスド測定）と"self-report inventory"（自己申告目録法）に分類される。両者の違いは，自己申告目録法が性格特徴や被験者の心身の状態を直接問うて答えを求めるのに対して，パフォーマンス・ベイスド測定は間接的なやり方でその特徴を明らかにする。換言すれば，「何かの課題を遂行するというゆっくりとした慎重なやり方で」なされるのであり，「その人が自分の特徴について気が付いているかどうか，あるいは直接質問した時に話そうとするか否かにかかわらず，被験者の特徴が明らかになる」（Weiner, 2008）のである。ロールシャッハ法をはじめとして，ハンドテスト，描画テスト，コラージュ表現なども，Weinerの分類から言えば，パフォーマンス・ベイスド測定である。

　また，Wagner（2008）も"Beyond 'Objective' and 'Projective': A logical system for classifying psychological tests"（客観的と投映的を超えて—心理テストの分類化のための論理的システム論）を提唱している。Wagner によれば，"Response Rightness"（正解の有無），"Response Latitude"（反応の範囲），"Stimulus Ambiguity"（刺激の曖昧性）の３要因の質・量によって心理検査は分類される。

　表2-1に示すように，この３要因からみると，今まで「投映法」としてひとくくりしていたものも，違いがあることが明らかになる。つまり，どの「投映

表 2-1 Wagner (2008) による心理テストの分類

反応範囲	正解の有無	刺激のあいまい性			
		無	低	中	高
狭い	有	WAIS 行列推理			
	無	MMPI			
広い	有	WAIS 絵画配列			
	無	色彩ピラミッドテスト			
不定	有	WAIS 理解			
	無	HTP SCT	TAT ハンドテスト	ロールシャッハ法	シンボル制作テスト

WAIS：Wechsler Adult Intelligence Scale ウェクスラー式成人知能検査
MMPI：Minnesota Multiphasic Personality Inventory ミネソタ多面的人格目録
HTP：House Tree Person 家・木・人描画法
TAT：Thematic Apperception Test 主題統覚検査
SCT：Sentence Completion Test 文章完成法

法」にも正解は無いが，反応範囲や刺激のあいまいさのレベルが異なっている。あいまいさの無いSCT，あいまいさの低いTATとハンドテスト，中程度のあいまいさのロールシャッハ法，あいまいさの高いシンボル制作テストとWagnerは位置づけている。

2-9 視覚素材表出法の分類

表 2-2 はWagnerの論理的システム論による分類を，視覚素材表出法（描画やコラージュ）に当てはめたものである。性格検査としての視覚素材表出法は「正解の有無」については，正解は求められないので正解は無いということになる。また，「反応の範囲」についても，どのように描いても（作っても）良いので，どのような絵になるか定まっていないということで不定である。したがって，性格検査としての視覚素材表出法は表2-2では，すべて最下段の行に位置づけられると言って良いであろう。しかし，「刺激のあいまい性」については各技法によって異なる。「家・木・人」という項目が決められる統合型HTPは刺激のあいまいさが無く，風景構成法は10個のアイテムは決められる

表2-2　視覚素材表出法の分類 (山上による)

反応範囲	正解の有無	刺激のあいまい性			
		無	低	中	高
狭い	有				
	無				
広い	有				
	無				
不定	有	ベンダーゲシュタルト			
	無	統合型HTP	風景構成法 コラージュ	スクリブル・スクィグル	自由描画

　が，最後に好きなものを加えても良いので，あいまいの低い刺激となる．刺激線が相手方から描かれるスクリブル・スクィグルは，アイテムを規定されないので風景構成法よりは刺激はあいまいであるが，線がすでにあるということで中程度のあいまいさである．自由描画は何をどう描いても良いので刺激のあいまいさは最も高い．

　コラージュ表現は，材料である写真・マンガ・絵画にはすでに何らかの図像は描かれており，自由描画のように刺激のあいまい性が高いわけではない．しかし，抽象的な図や色紙のように内容のはっきりしない素材も含まれるため，あいまい性も少しはあり，刺激のあいまい性は低いと言えるであろう．反応範囲については，普通は制作テーマが限定されず，好きなように素材を選んで，切り，貼るという自由さが保証されているため，反応範囲は不定である．ここに，表2-1と表2-2をつき合わせてみると，コラージュ表現とハンドテストは，共に正解は無く，反応範囲は不定，刺激のあいまい性が低いという同じ3要因を持つことが明らかとなった．

　なお，当分類については，視覚素材表出による心理テストのすべてを検討したのではない．例えば，ベンダーゲシュタルトテストのように，当初性格テストとして開発されたが現在は認知テストのひとつとして用いられているため，許容性が認められているものの正解が求められる．しかも刺激図版は与えられるので，刺激のあいまい性は無い．ただし，描き方は，図形の大小，筆圧，描

かれる場所等は被験者によって異なるので反応範囲は不定となり，表2-2に加えたような位置づけとなる。本書では，それ以上の心理テストの特徴を検討するのが目的ではないので，あとの欄は空白のままである（Wagnerも空白のままにしている）。今後，さまざまな表現技法について検討する機会があれば，付け加えられる可能性もあると思う。

　こうして，Weinerによっても，ハンドテストとコラージュ表現は共にパフォーマンス・ベイスド測定であり，Wagnerの論理的システム論でも構造的一致があり，2法の類似性が検証された。ここに，ハンドテスト解釈法をコラージュ解釈仮説に援用する構造的妥当性が示されたと言えるであろう。

第 3 章

コラージュ解釈仮説

第 2 章において，ハンドテストの解釈法がコラージュ解釈仮説に有用であることを，臨床的，理論的側面から説明した。ただし，ハンドテストとコラージュは課題も実施手続きも異なるため，そっくりそのままハンドテスト解釈法をコラージュ解釈に適用するわけにはいかない。ここに，コラージュ解釈仮説を独自に作り上げる必要が出てきた。もし，それができるのであれば，かりにハンドテストを習得していなくても，本章で述べるコラージュ解釈仮説のやり方に従っていけば，誰でもある程度まではコラージュの解釈・査定ができるのではないかと思われる。むしろ筆者はそうなることを願っている。なぜなら，コラージュは心理臨床家だけでなく，教員，保育士，児童福祉施設や高齢者施設のケアワーカーなど，対人援助の現場で働く人たちに，広く用いられているからである。つまり，心理テストについての知識がない方々もコラージュを実践しているのであり，コラージュ表現を理解する必要に迫られることがある。その時，当仮説が役に立つのではないかと思われる。本章では，コラージュ解釈仮説の基本となるコラージュ・スコアリングカテゴリーについて解説したい。まず第 1 に，カテゴリーの特徴，定義と意味づけについて説明する。そして，第 2 において，このカテゴリーを用いたコラージュ査定結果の統計的処理をして信頼性係数を求め，指標としての信頼性を検討したい。

3-1 コラージュ・スコアリングカテゴリー

3-1-1 内容と様式から成る 2 元性のスコアリングシステム
1）内容による分類

　ハンドテストのスコアリングカテゴリーのうち，反応内容をとらえたカテゴリーの一部を，コラージュで表現される内容のカテゴリーに用いたい。まず，ハンドテストでもしているように，表現内容を，人が含まれるか否かで大きく【対人】カテゴリーと，【対物】カテゴリーに分類した。なお，以前は【対人】と【環境】と命名していたが，対を表す言葉としては【対物】の方が適切と考え変更した。また，ハンドテストの ENV 環境カテゴリーは，非対人状況における人間の行動（人が他者のいない環境にいかに働きかけるか）を指標化したものであり，手の主体はあくまで人間である。つまり，手の動作を想起する場

合は，必ず主体としての人間が存在する。その点，コラージュ表現では人間が全く登場しない場面を指標化したいのであるから，基本的にハンドテストのENV環境とは異なるカテゴリーを設けないと意味が混乱することになる。さらに，ハンドテストでのENV環境反応は，「個人がよりよく生きるのに重要とみなされる，非対人的な課題，遂行，活動と定義される」（Wagner, E. E., 1983）と述べられているが，コラージュ表現では［敵意］などの否定的な意味を持つ対象（例えばナイフなど）も含まれる。その点からも筆者は新しく【対物】カテゴリーを立てることが必要と考えた。端的に言えば，内容による分類は，対人関係の中での意味づけを推測する【対人カテゴリー】と，非対人的状況での意味づけを求める【対物カテゴリー】から成るのである。

次に対人カテゴリーの中の下位カテゴリーについて考えたい。ハンドテストではさまざまな対人関係のあり様を指標化しているが，筆者は友好的で快い関係から中立的な関係，ネガティブで激しい関係の軸でとらえようと試みた。そのため【対人】カテゴリーの下位分類として［友好］，［存在］，［主張］，［情動］の4つを挙げた［これらは，ハンドテストのAFF（Affection）親愛，COM（Communication）伝達，EXH（Exhibition）顕示，EMO（Emotion）情動の指標にそれぞれ対応する］。つまり，【対人カテゴリー】の以下の4つは，ハンドテストのカテゴリーを援用している。

1. ［友好］：仲良く親しい対人関係（ハンドテストのAFF親愛）
2. ［存在］：一般的・中立的な対人関係（ハンドテストのCOM伝達）
3. ［主張］：自己を顕示し主張する態度（ハンドテストのEXH顕示）
4. ［情動］：激しい情緒表出（ハンドテストのEMO情動）

さらに，コラージュ表現では［子ども］と［動物］も使用されることが多い。子どもは大人に依存することで生きており，愛着形成も普通はなされる。したがって，上の対人関係のあり様の軸で考えると，［友好］と［存在］の間に位置づけることができるだろう。なお，動物については，Wallon, P.ら（1990）の示す描画の発達的観点から，また，同一視・置き換え・取り入れなどの心的機制に用いられることからも，そして何より生き物であるという点から，【対

人】カテゴリーに入れることにした。また，動物は学習もするが，生得的な本能で生きていることが多い。コラージュ制作者にとっての［動物］は意識化されていない衝動を示すこともあり，［情動］よりも本能的であると考え，最後の位置を与えて全部で6つのカテゴリーを立てた。これらは【対人】カテゴリーの下位カテゴリーとしての役を果たす。以上，カテゴリーの意味を整理すると以下のようになる。

【対人】対人関係のあり方や対人感情の特徴
1．［友好］：親愛的な関係
2．［子ども］：依存的，未熟だが発達可能性
3．［存在］：中立的関係
4．［主張］：自己顕示的
5．［情動］：激しい感情
6．［動物］：本能，意識化されない衝動

つぎに，人間ではなく物を表す【対物】カテゴリーについて，衝動や欲動の対象を表す事象から中立的な事象，そして衝動から遠い事象という軸でとらえることができるのではないかと筆者は考えた。その軸から［敵意］［食物］［物体］［風景］［抽象］の5つが並んだ。こうすると，これまでのコラージュ先行研究で触れられた「食べ物」や「風景」なども新たな立ち位置が与えられたと考えられる。【対物】カテゴリーの意味は以下の通りである。

【対物】対象・事象の欲求や感情に関する特徴
1．［敵意］：強い攻撃性に関係する衝動
2．［食物］：取り込みたい欲求や欲動
3．［物体］：興味や関心事
4．［風景］：距離感のある感情
5．［抽象］：具体的な感情や情緒を洗練し抽象化しようとする傾向

以上，6つの下位カテゴリーを持つ【対人】と，5つの下位カテゴリーを持

つ【対物】が，内容カテゴリーである。

2）様式による分類（先行研究での「形式」に相当）

　最初に表現内容について，ハンドテストの INT 対人 – ENV 環境カテゴリーを参考にしつつも，筆者独自のアイデアを取り入れた【対人】-【対物】を挙げたが，コラージュを査定する場合，反応内容だけを取り上げるのでは不十分である。そこでハンドテストにはないが，コラージュ査定に必要なカテゴリーとして様式的側面からの検討を取り上げたい。

　コラージュについてはこれまで，岡田（1984）や木村（1985）による箱庭療法の集計的調査研究をお手本にしながら，集計的調査研究が発表されてきた。例えば，鳴門教育大学大学院生徒指導講座では修士論文として，最初期から集計調査が取り組まれて来ている。これらの研究はそれぞれ小学校，中学校，高校の現職教員でかつ大学院生が相互に比較しながら，一連の流れの中で取り組んだものである。それ故に，データ量も他に比べると豊富で，信頼性があると考えられる。すなわち，滝口（1994）の小学生，山根（1995）の中学生，岩岡（1998）の高校生，滝口ら（1999）の小・中・高校生，山根・森谷（1999）の中学生についての集計的調査研究などである。

　これらの研究には，形式的側面が取り上げられている。例えば，切り方では，切片数やどんな形に切り取るかなどについて，貼り方では，余白率や重ね貼り，身体の合成などについて，また，台紙のサイズや台紙の向きなども検討されてきた。とりわけ，切片数と余白率は具体的な数値を用いた数量的調査が多くなされている。これらの形式については，コラージュ査定に重要であり，コラージュ・スコアリングカテゴリーにも新たに加えて用いたい。

　これまで述べてきたように，形式的側面とは，切り方，貼り方，台紙の用い方等の表現様式であるため，本論ではこれを様式カテゴリーと呼びたい。この様式カテゴリーには，人格のさまざまな面が反映される。例えば，「切り方」の分類について言うならば，几帳面な人は輪郭線にそってきれいにくりぬくかもしれない。さらに強迫傾向の強い人は，長方形にきちんと切った切片を左端から順次そろえて貼ることもあるだろう。ある女子学生は，「花」や「小物」を小さく切り出すことに夢中になり，数十枚切ったものの結局貼り合わせなか

った。願いや思いはあふれるほどあるが，構成し現実場面に乗せることができない青年期心性がうかがえた。

このように，様式カテゴリーには制作者独特の事態への対処の仕方が反映し，それぞれのやり方には意味があると思われる。このやり方については，前述したようにこれまでの集計的研究でかなり積み重ねられてきたのであるが，意味づけられた形として整理されていなかった。そこでここでは，それらを事態への対処の仕方として分類したいと思う。つまり，制作の仕方（切り方・貼り方など）を列挙し，事態への対処の型に当てはめるのである。事態への対処の型については，人が何か事に当たろうとする時，積極的に自分を出し事にかかわるか，あるいはかかわれないで後ろに退くか，というかかわり方の軸でとらえることにしたい。さらに，かかわりたいが実際はかかわれない葛藤状況を加えて，【表出】【葛藤】【後退】という3つのカテゴリーを用意して検討する。つまり，様式カテゴリーは，以下の3つである。

1. 【表出】：自分を積極的に出してかかわる態度や行動
2. 【葛藤】：前にも後ろにも行けない葛藤状態
3. 【後退】：事態にかかわれないで，後ろに退く態度や行動

さて，次に問題になるのは，様式の特徴（切片数，余白，重ね貼り，など）を上の3つのカテゴリー（【表出】【葛藤】【後退】）のどこに分類するのが適切か，ということである。そこで，さまざまな仕方を挙げ，さしあたりどの様式カテゴリーに属するのが適切かを仮説として決めた。具体的には，多数の切片を用いることや重ね貼りをすること，あるいは切り絵で独特の形を作り出すこと等は，さまざまに工夫して自己表現しようとする傾向が強いと考え，【表出】カテゴリーに集めた。また，表現したい欲求と現実適応が合致しない「べた貼り」や「はみだし」などは【葛藤】カテゴリーに，コラージュ制作に一応はとりかかるものの，空間をうまく利用できない大きな「余白」などは，自己関与するのを避け，受動的であるとして【後退】カテゴリーに入れた。ただし，やり方の意味はさまざまに仮定され，そのうちのどの意味を取り上げるか決定するのは難しかった。例えば，台紙からの「はみだし」は，多くを表現したいと

いう【表出】カテゴリーに属するのか，表出したい思いが台紙の中に納まりきらないことに注目する【葛藤】カテゴリーなのかに迷った。なお，このカテゴリー決定プロセスについては，次節で詳しく説明したい。

　もっとも，先行研究において明確な結果が出ている「やり方」については，比較的所属カテゴリーが決めやすかった。例えば，今村（2006）が「統合失調症群は四角形の切り抜き出現率が97.5％と非常に高い」ことを指摘し，石崎（2001）が，認知症高齢者の「切り方は四角が主で貼り方は平行，固定的で単純化されている」ことを見ている。この四角表現は，コラージュ・スコアリングカテゴリーでは，［矩形］下位カテゴリーに当たる。統合失調症群（おそらく慢性化した統合失調症であろう）や認知症高齢者の人は，事態へのかかわり方が後退的であることが多い。したがって，［矩形］下位カテゴリーの意味を後退的ととらえ，【後退】カテゴリーに所属すると考えた。このように，切り方・貼り方などの様式カテゴリーは，コラージュ制作という新奇な課題遂行場面をどう体験したかを反映しているため，【表出】と【葛藤】と【後退】の比を体験型とみなすことで，制作者の体験の仕方や行動傾向を推測するのに用いることができるのではないかと考えている。

　以上のように，コラージュ・スコアリングカテゴリーは，内容カテゴリーの【対人】：【対物】の値から，被験者の興味や関心，対人関係の在り方などが仮説的に推測され，様式カテゴリーの【表出】：【葛藤】：【後退】の値から体験の在り方や基本的な行動傾向が推測されるのであり，内容と様式のふたつの次元からコラージュ表現を査定しようとする2元性のスコアリングシステムである。

表3-1　コラージュ・スコアリングシステムの構造

コラージュ表現				
内容		様式		
【対人】	【対物】	【表出】	【葛藤】	【後退】
友好	敵意	切片30	べた貼り	余白大
子ども	食物	重ね貼り	分割	矩形
存在	物体	くりぬき	はみだし	
主張	風景	創出	文字挿入	
情動	抽象			
動物				

分かりやすいように，表3-1で示す。

3-1-2　カテゴリーの定義

　以上，コラージュ・スコアリングカテゴリーには，ハンドテストを参考にしつつも，コラージュ独自のカテゴリーが加えられている。また，コラージュの先行研究で取り上げられている「食べ物」「風景」を【対物】の中に，「重ね貼り」や「はみだし」も，【表出】や【葛藤】に位置づけ，コラージュ表現を体系的にとらえようとした。

　本節ではカテゴリーの具体的な定義を述べて，実際のコラージュ解釈をする時の基準としたい。

　内容カテゴリーは以下の2つである。

①【対人】
  1．［友好］：二人以上（ひとりと動物も可）の肯定的で快い関係性がみられる。肩を寄せる，手を握り合う，楽しげな団欒，動物を抱く。
  2．［子ども］：子どもであればどんなポーズでも良い。
  3．［存在］：友好・子ども・主張・情動の各カテゴリーに入らない人物，立っている，座っている，微笑んでいるなど，単なる人物。
  4．［主張］：スポーツ・演劇，収穫物を見せる，指示や指揮する人。
  5．［情動］：怒り，恐怖，泣くなど否定的感情や性的衝動を示す。
  6．［動物］：すべての動物。

②【対物】
  1．［敵意］：ナイフ・ピストルなどの凶器，戦車。
  2．［食物］：食材，調理された食物，飲み物。
  3．［物体］：近景の状景（室内・花や建築物），乗り物など。
  4．［風景］：遠景が含まれる状景，遠近感のある景色。
  5．［抽象］：模様，図案，文字（○や△の幾何学的切り抜きやハート型）。

　様式カテゴリーは以下の3つである。

① 【表出】
　1．［切片30］：切片数が30枚以上。
　2．［重ね貼り］：1枚の写真の上にさらに写真を貼る。
　3．［くりぬき］：アイテムの輪郭線にそってくりぬく。
　4．［創出］：オリジナル・フォトの内容を無視して切り，何かを創りだす，いわゆる切り絵。

② 【葛藤】
　1．［べた貼り］：台紙を1枚の写真が覆う。
　2．［分割］：顔の一部や手先，また物体の切断など対象の更なる分割。
　3．［はみだし］：用紙から切片がはみだす。
　4．［文字挿入］：キャプションや説明の文字。

③ 【後退】
　1．［余白大］：余白部1/3以上や不自然な空白部の存在。
　2．［矩形］：切片の形がすべて長方形か正方形。

　実際のスコアリングでは，上で述べたような定義通りの表現がひとつでもあれば1点と得点化し，同じ表現が何回出現したかはカウントしない（有るか無いかで1か0かと数値化する）。

3-1-3　各スコアの例
1）内容カテゴリー
① 【対人】カテゴリー
＊［友好］：2人以上（ひとりと動物も可）の肯定的で快い関係性がある。図3-1では「動物を抱く（左下）」場合。

36　第3章　コラージュ解釈仮説

図 3-1　20代女性・[友好] の例

* [子ども]：子どもであればどんなポーズでも良い。

図 3-2　20代女性・[子ども] の例

* [存在]：友好・子ども・主張・情動の各カテゴリーに入らない人物。図3-3では「船の人（右上の青い写真）」。
* [主張]：自己主張・顕示をする。図3-3では「楽器を弾く人（左上と右下）」。
* [情動] 激しい感情を出す人。図3-4では「青い涙」。
* [動物] 図3-4では「キツネ2匹」。

図 3-3　20 代女性・［存在］と［主張］の例

図 3-4　20 代男性・［情動］と［動物］の例

② 【対物】カテゴリー
* ［敵意］：ナイフ・ピストルなどの凶器，戦車。図 3-5 では「包丁（中央）」。

図 3-5　20 代男性・［敵意］の例

* ［食物］：図 3-6 では「パン（中央下），ケーキ（右下）」。
* ［物体］：図 3-6 では「ソファー（左中），カバンと靴（右上）」。

38　第3章　コラージュ解釈仮説

図3-6　30代女性・[食物][物体] の例

＊ [風景]：遠景の風景，遠近感のある景色も含む。図3-7には4枚の風景が貼られた。

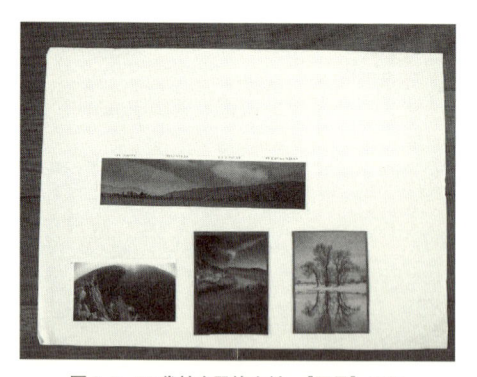

図3-7　20代社会恐怖女性・[風景] の例

＊ [抽象]：模様，図案（オリジナル・フォトの内容を無視した○や△の幾何学的切り抜き（ハート型）。図3-8では「ハート型」。

2）様式カテゴリー
① 【表出】カテゴリー
＊ [切片30]：切片数が30枚以上の時にスコアする。図3-9では切片数が91枚であった。
＊ [重ね貼り]：図3-10では「緑の木々（左）」の上に「時計（左下）」や「ド

3-1 コラージュ・スコアリングカテゴリー　39

図 3-8　20 代女性・[抽象] の例

図 3-9　20 代女性・[切片 30] の例

図 3-10　30 代男性・[重ね貼り] の例

ア（左中央）」が重ねて貼られた。
* ［くりぬき］：図3-11では「かめのパン（右下）」。
* ［創出］：図3-11では「ハート型（右上）」。

図3-11　20代女性・［くりぬき］と［創出］の例

② 【葛藤】カテゴリー
* ［べた貼り］：図3-12では，1枚の宣伝チラシがそのまま台紙の上に貼られた。

図3-12　20代男性・［べた貼り］の例

* ［分割］：図3-13では女性の横顔が3つに分割された。

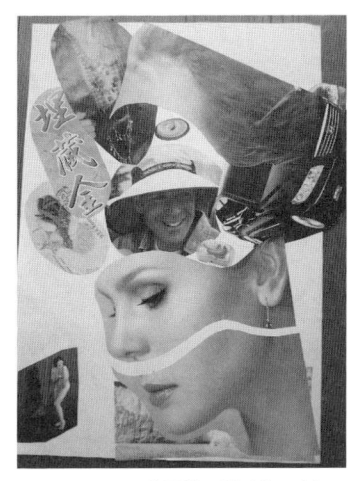

図 3-13　20 代男性・[分割] の例

* [はみだし]：図 3-14 では台紙から 8 枚がはみだして貼られた。
* [文字挿入]：図 3-15 には「おいしく食べよう」と「178 円」の文字が挿入された。

図 3-14　20 代男性・[はみだし] の例

図 3-15　20 代男性・[文字挿入] の例

③【後退】カテゴリー
＊［余白大］：図 3-16 には余白部が画面の 1/3 以上。

図 3-16　40 代重症強迫神経症男性・［余白大］の例

＊［矩形］：図 3-17 の切片はすべてが矩形である。

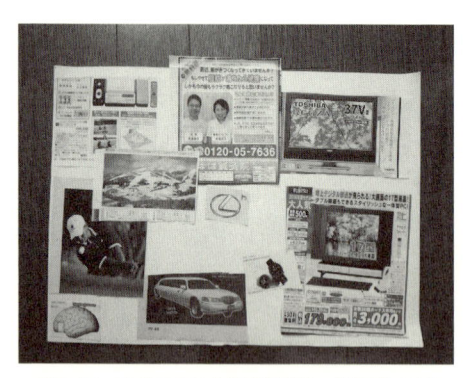

図 3-17　20 代ひきこもり青年男性・［矩形］の例

3-1-4　スコアリングカテゴリーの意味づけ
1）内容カテゴリー
①【対人】カテゴリー
　「INT 対人反応が多いことはその人が他者にさまざまな興味を持ち，対人的感受性を持ち，他者と相互に関わりを持っていることを示す」（Wagner, 1983）というハンドテストの解釈仮説を適用したい。

つぎに，各下位カテゴリーの意味についての仮説を述べる。
* ［友好］：人間や動物に対して肯定的な感情を向け，友好的な態度や行動をとる。
* ［子ども］：自分自身の満足を得るためには他者の存在が必要という依存的傾向のこともあるが，発達可能性や希望を表すこともある。なお，高齢者をカテゴリーとして取り上げなかった理由としては，スコアリングが難しい（成人と高齢者の判別が困難な場合がある）ことと，対人関係の持ち方を基本軸とした【対人】カテゴリーに位置づけが難しいからである。つまり，高齢者は身体機能が衰えて，他者に依存的にならざるをえない側面と，精神性が高まり，より全体性に近づくという自律的で理想像の表象にもなりうるので，カテゴリーへの位置づけが難しく，質的側面で検討したい。
* ［存在］：一般的・中立的な対人関係への興味や関心を示す。
* ［主張］：自己主張の基本は，注目されたいという意識的・無意識的欲求であり，がんばる動機にも自己中心的な行動にもなる。
* ［情動］：攻撃性や恐怖などの感情爆発傾向や性的衝動の衝迫性とみなされる。
* ［動物］：本能的，退行的意味や自由さ，意識化されていない衝動などの象徴になることもあるが，動物の種類の吟味が必要である。

② 【対物】カテゴリー

非対人的な課題，遂行，活動を反映し，欲求や衝動の表象から距離性や抽象性の表象までの軸で考えるが，具体的には以下の下位カテゴリーの仮説から傾向をとらえたい。
* ［敵意］：外界への敵対心を表す。
* ［食物］：口唇依存的な傾向のこともあるが，「健康さの指標」（今村，2006）でもあり，エネルギーそのものを象徴しているとも言える。
* ［物体］：ニュートラルな課題達成傾向と言えるが，特定の表象が繰り返し出現する場合には，その個人的，集合的意味を考えなければならない。
* ［風景］：客観性や距離性，現実からの逃避傾向などが考えられる。
* ［抽象］：具体性よりもアートとしての面白さを探求し，より洗練されたコ

ラージュを作ろうという意図がある場合と，現実回避傾向の場合がある。

2）様式カテゴリー
①【表出】カテゴリー
　表出カテゴリーが高いことは，独自性や創造性の強さを意味するが，異常性を示す場合もあるので，熟考を要する。
* ［切片30］：筆者収集の一般成人113名の平均切片数は16.83（SD 13.22）であり，切片数30以上は相当の表出性の強さである（筆者が一般成人に用いた台紙のサイズはB4）。
* ［重ね貼り］：地と図がほど良く重なっている場合は，豊かな層構造となる。しかし，下層のイメージを隠蔽する機能が強くなりすぎると，上層と下層の剥離が生じ，統合性の低い病理的な様相を呈してくる。その例として上別府（1999）は，統合失調症者の「重ね貼りが対象を破壊する例」を挙げている。表現内容を加味して，全体の文脈でとらえたい。
* ［くりぬき］：自我の強さの指標にも，自意識過剰・妄想的傾向にもなりうる。全体のバランスやどういう内容のものがくりぬかれているかを合わせて検討する必要があろう。
* ［創出］：意志的なイメージ創出の場合と，欲動の突き上げや「影」[9]（Jung, C. G., 1964）の力に押されての場合もある。臨床場面においては，事例の背景と照らし合わせながら，切り絵で表現されたメッセージをしっかり受けとめることが必要であろう。

②【葛藤】カテゴリー
　自己を表現したい思いは強いが，適切に選ぶことができなかったり，たくさんありすぎてその場に収まりきらない等，自己の欲求とその対処が拮抗している葛藤状態を示唆する。以下の表現特徴が葛藤的意味を持つと仮定して，【葛藤】カテゴリーにさしあたり入れた。
* ［べた貼り］：切る決断には相当の自我の強さが要求される。べた貼りは決

---
9) Jung心理学では影は元型のひとつとして考えられ，個人の意識によって生きられなかった側面，自己に許容されない心的内容のことである。

断の回避か，あるいは「切って貼って」という教示の無視から，独自なやり方にこだわる頑固さや独特の認知の場合があるかもしれない。
* ［分割］：身体や顔，物体などの対象が更に切断される時，第1は部分対象への固着（目が切り取られた場合は被注察感，口だけが切り取られた場合は口唇欲求などの可能性），第2は，全体対象の破壊や傷つきなど，自己損傷感のあることが推測される。しかし，中学生の25％，高校生の21％のコラージュには，分割した体の部位を再び継ぎ合わせる「身体の合成」（山根，1995；岩岡，1998）が出現しており，発達的観点を考慮しなければならない。心身ともに激しく揺れる思春期心性そのものが，葛藤的で不適応的と言えることかもしれない。なお，「身体の合成」のコラージュ表現法を筆者は「キメラ人間」と呼びたい。「キメラ（キマイラ）」はギリシャ神話に出てくるライオンの頭と山羊の胴体とヘビの尻尾を持つ怪物のことである。なお，「キメラ」という言葉については，中井（1971）が統合失調症者の描く風景構成法の特徴として，「キメラ的多空間」を挙げている。結合の仕方を述べている点では，同じだが，中井はあくまで空間についての記述であり，人間についてではない。
* ［はみだし］：受け皿の許容量を超えた表現は，自由で活発な活動という積極性の指標でもあるが，アクティング・アウトとしてのはみだしや躁的状態の反映のこともある。与えられた空間の中に収まりきらないという点では，表出したいという思いと外的状況の不一致であり，葛藤状況とも言える。量的・質的にはみだし度を評価しなければならない。
* ［文字挿入］：言葉を用いることによってメッセージが明確になるという効能があるため，岡田（1999）は統合失調症者にキャプション[10]を積極的に活用して，彼らの統合力の改善を試みた。しかし，言葉はイメージを限定し狭小化する側面も持つ。あるいは，絵や写真というイメージだけでは不十分であるという制作者の主観が働き，言葉の概念を借りようとしたのかもしれない。コラージュ全体での役割から検討したいが，何らかの不全感の表れと考え，【葛藤】カテゴリーに入れた。

10）写真や挿絵に添えた説明文。

③【後退】カテゴリー

　ハンドテストでの「意味のある効果的な生活役割の放棄を表すWITH撤退スコア」(Wagner, 1983) にヒントを得たが，コラージュにおいては，制作はなされているので放棄まで推測することはできず，受身的，後退的傾向と考えたい。

* ［余白大］：筆者収集の一般成人113名の平均余白率は18.94（SD 17.00）（％）であり，画面の1/3（33.4％）はひとつの指標であろう。余白が大きいことは自己関与できる領域が少ないと考えられ，とりわけぽっかり穴の空いたような余白は問題である。画面のどの場所が空白なのかにより，Koch, C.（1952）がバウムテストで示した「空間象徴論的解釈」が有効な時もあるが，多視点的空間使用が可能なコラージュの特性上，固定的に考えるのは控えた方が良い。

* ［矩形］：切片がすべて矩形の場合，ふたつの仮説が考えられる。ひとつはきっちりした形でないと気がすまない強迫傾向，もうひとつは，与えられた素材と同じ四角形を切ることから，受身的でステレオタイプな傾向とも考えられる。いずれもパターン化しており自我関与からの後退の可能性が高い。
　なお，コラージュ・ボックス法では，「べた貼り」と「矩形」の指標は用いることができない。自我機能の弱い人にはこのふたつの課題をパスして取り組めるという利点となり，「幼児や心的エネルギー水準の低い人にはコラージュ・ボックス方式がよい」（森谷，1999b）のであろう。今後は，コラージュ・ボックスを用いる時は，森谷も研修会などですでに繰り返し指摘しているように，四角などではなく，あいまいな形に切った切片を用意するなどの注意が必要である。

　ここで強調しておきたいことは，これらの意味づけを一方的にひとつのコラージュ表現に当てはめてはいけないことである。すべての投映法に通じる原則でもあるが，投映法に1対1対応の解釈はない。ひとつの反応や表現・事象の意味はさまざまであり，いくつもの仮説を挙げ，その中から文脈に合う仮説を，最もありうる可能性の高いものとして積み上げていく。したがって，コラージュ解釈仮説についても，筆者はカテゴリーについての仮説をいろいろ挙げたが，

どの仮説を採用するかは，コラージュ表現全体の中で決めなければならない。そして，かりに比較的適切な仮説を採用したとしても，コラージュ表現はイメージによる自己表出である。つまり，イメージの多義性という性格上，その査定に正解はないことも認識しておくべきである。コラージュ解釈仮説の限界を認識した上で，活用していきたいと思う。

3-2 コラージュ・スコアリングカテゴリーの確定推移と統計的信頼性，およびその活用

3-2-1 目　　的
　前節で提案したコラージュ・スコアリングカテゴリーの意味づけは，すべて仮説である。しかし，先行研究の集計調査で断片的に取り上げられた切片数や余白なども，あえてコラージュ・スコアリングカテゴリーの中に位置づけることによって，その意味が見いだされることになったとも言える。このカテゴリーに信頼性があるかどうかについては，実際のコラージュ査定に適用して，その結果を統計的に検討する必要があるだろう。筆者は臨床心理士2名の協力を得て，カテゴリーの信頼性検討を行った。また，カテゴリーの決定にいたるまでにも統計的検討を参考にしたので，その確定推移を述べる。さらに，カテゴリー活用の大枠を示したい。

3-2-2　対象と方法
1) 対　　象
　一般成人男性9名，女性21名，計30名。平均年齢35.8歳。

2) 方　　法
　アートセラピーのワークショップ参加者や，主婦のボランティアグループなど，さまざまなグループの人たちに集団でコラージュを制作してもらった。実施場所は，カルチャーセンター，大学の教室，市民センターなどである。材料として，多種のチラシ状にした和洋の雑誌（オレンジページ，百楽，サライ，ナショナル ジオグラフィック，Homes, Gardens, Parents, Discovery など），

宣伝ちらし（旅行社，スーパーマーケット，美術館など），のり，はさみ，台紙（B4ケント紙か八つ切り画用紙）を用意して，「これらの写真の中から，好きなように選んで切って，台紙に貼って仕上げて下さい」という教示で実施し，時間は30分から1時間を要した。

3-2-3 結　果

　一般成人（男女混合30名）のコラージュを収集し，筆者を含む3名の臨床心理士（臨床経験8年1名，10年以上2名）がコラージュ・スコアリングカテゴリーの定義（表3-2）に基づいて別々にスコアをした。そのあと，評定者A，B，Cのそれぞれのスコアリングの表をひとつの表にまとめ統計的検討をした。その結果については後述するが，まず，そこにいたるまでが困難を極めたので，その経緯を述べておきたい。

　最終的なカテゴリーの決定にいたるまでには，数回以上の試行錯誤をしている。当初，できるだけハンドテストに忠実な解釈をめざしていたため，カテゴリーも英語表記を頭につけたものであった。例えば，INT（Interpersonal）人・動物カテゴリーの下位カテゴリーであるAFF（Affection）親愛，DEP（Dependence）依存，COM（Communication）伝達，EXH（Exhibition）顕示，AGG（Aggression）攻撃，TEN（Tension）緊張などであった。

　しかも，色彩の有無や，元の素材の形を生かしたものか無視して切ったものか，などの要因もカテゴリーに入れこもうとしたために非常に複雑になり，スコアリングが難しくなってしまった。結局，3名の評定者がカテゴリーを用いた査定の感想や意見を述べ合う中で，カテゴリーは評価しやすいように変わっていった。最終的には，内容についての11の下位カテゴリーと，様式についての10の下位カテゴリーが決まった。

　下位カテゴリーは決まったものの，様式下位カテゴリーについては，【表出】か【葛藤】か【後退】か，どのカテゴリーに属するのか決定に困った。比較的意味づけが明確な項目は決定が容易であったが，多重な意味を持つ項目については，とりあえず所属のカテゴリーを決めて，信頼性係数を求めた。例えば，［重ね貼り］を，下層のイメージを隠す意味もあるため【葛藤】カテゴリーに，［べた貼り］を，切れなかったという点から【後退】カテゴリーに，［はみだし］

表 3-2　コラージュ・スコアリングカテゴリーの定義

＊内容カテゴリー
① 【対人】
・[友好]：二人以上（ひとりと動物も可）の肯定的で快い関係性がみられる。肩を寄せる，手を握り合う，楽しげな団欒，動物を抱く。
・[子ども]：子どもであればどんなポーズでも良い。
・[存在]：友好・子ども・主張・情動の各カテゴリーに入らない人物，立っている，座っている，微笑んでいるなど，単なる人物。
・[主張]：スポーツ・演劇，収穫物を見せる，指示や指揮する人。
・[情動]：怒り，恐怖，泣くなど否定的感情や性的衝動を示す人。
・[動物]：すべての動物。
② 【対物】
・[敵意]：ナイフ・ピストルなどの凶器，戦車。
・[食物]：食材，調理された食物，飲み物。
・[物体]：近景の状景（室内・花や建築物），乗り物。
・[風景]：遠景を含む状景，遠近感のある景色も含む。
・[抽象]：模様，図案（オリジナル・フォトの内容を無視した○や△の幾何学的切り抜きやハート型）。

＊様式カテゴリー
① 【表出】
・[切片 30]：切片数が 30 以上。
・[重ね貼り]：1 枚の写真の上にさらに写真を貼る。
・[くりぬき]：アイテムの輪郭線にそってくりぬく。
・[創出]：オリジナル・フォトの内容を無視して切り，何かを創りだす。いわゆる切り絵。
② 【葛藤】
・[べた貼り]：用紙全面を 1 枚の写真が覆う。
・[分割]：顔の一部や手先，また物体の切断など対象の更なる分割。
・[はみだし]：用紙から切片がはみだす。
・[文字挿入]：キャプションや説明の文字。
③ 【後退】
・[余白大]：余白部 1/3 以上や不自然な空白部の存在。
・[矩形]：切片の形がすべて長方形か正方形。

は，表出欲求の強さに注目して【表出】カテゴリーに，という仮の所属カテゴリーを決めて統計的処理（SPSS 使用）をした。しかし，これでは信頼性係数が高くなかったため，改めて，別の角度から評価し直した。そして，[重ね貼り] は多層的に表現したという点から【表出】カテゴリーに，[べた貼り] は切ることができないが貼りたいという表現欲求は強いことから【葛藤】カテゴリーに，[はみだし] は与えられた空間にうまく収まらなかったという点から

【葛藤】カテゴリーに，という現在の位置づけで統計的処理をした。その結果，信頼性係数（α係数）は以下の通りとなった。

【対人】：$\alpha = .903$（項目の数 21）
【対物】：$\alpha = .907$（項目の数 18）
【表出】：$\alpha = .900$（項目の数 15）
【葛藤】：$\alpha = .826$（項目の数 15）
【後退】：$\alpha = .858$（項目の数 9 ）

このように，信頼性係数は十分高くなったのでカテゴリーを確定した。評定者間一致度については，臨床心理士Aと臨床心理士Bは82.9%，臨床心理士Bと臨床心理士Cについては80.0%，臨床心理士Cと臨床心理士Aについては82.9%であった。こうして，各下位カテゴリーは現在の上位カテゴリーの位置づけに収まったのである。

3-2-4 考　察

以上のように，コラージュ・スコアリングカテゴリーの信頼性は，統計的には高いことが示された。ここに，スコアリングカテゴリーという客観的指標を用いることで，コラージュ療法初心者でも，ある程度の解釈の道が開かれたと思われる。

具体的なやり方を要約すると，コラージュ表現をまず内容から，【対人】表現があるかどうか，あるのならその表れ方はどうなのかを下位カテゴリーの定義に基づいてスコアしていく。【対人】表現以外の内容については，【対物】のカテゴリーの定義に基づきスコアをする。かりに，全部の下位カテゴリーを満たすようなコラージュ表現があるとすると，【対人】：【対物】＝6：5となる。この得点比から，制作者の関心の向きや，対人関係の在り方を推測するのであるが，コラージュ制作者の母集団の平均値や標準偏差を参考にすると理解しやすいであろう（一般成人，大学生，高齢者については第4章以降の集計調査を参考にされたい）。例えば，【対人】：【対物】＝3：1となると，物よりも人への関心の方が強いと予測できるかもしれない。

つぎに，様式カテゴリーについては，下位カテゴリーの定義をみながら，当てはまる項目を順次チェックしていく。最後に集計した値【表出】：【葛藤】：【後退】を制作者の体験型として解釈する。例えば，【表出】：【葛藤】：【後退】＝3：0：0のコラージュ制作者は，自己表出するのにためらわず，積極的に事にかかわろうとするであろう。もし，前述の【対人】：【対物】＝3：1の人がこの体験型の値をとっているとすると対人関係において，積極的にかかわり，自己実現している姿が予測される。一方同じ【対人】：【対物】＝3：1でも，【表出】：【葛藤】：【後退】＝1：2：0の人なら，表出したい気持ちもあり，少しは行動に移せる時もあるが，葛藤的になりやすく，とりわけ対人状況において効果的な現実化が難しいという解釈が可能であろう。このように，どのようなことに心のエネルギーが向き，それがうまく実現されているか否かが推測されるのである。ただし，この数字が出ると必ずこの意味があるとは言えない限界もある。あくまで，おおざっぱな枠組みや傾向がみえるだけであり，コラージュ表現全体に戻り，その数字にどういう意味があるのかを考えるべきであろう。

ここに，質的分析の必要性が示唆されるのであるが，本書のコラージュ解釈仮説では，このスコアリングカテゴリーによる量的分析に焦点化した。5つのカテゴリーと21の下位カテゴリーを位置づけることで，コラージュ表現をどう解釈するのか，その基本的な枠組み，ひとつの解釈システムができたのではないかと考える。なお第5章の大学生，第8章の社会恐怖は質的分析も加えている。ここで問題点として残るのは，カテゴリーの定義通りの表現がひとつでもあれば1と得点化するため，繰り返し同じ表現をした人との区別がつかないことである。しかし，カウントすることの煩雑さや不正確さなどがあり，精度を求めるがために逆にスコアリングの実用性が低下することにもなる。繰り返し表現は質的に検討することにとりあえずは直しておきたい。

当解釈仮説は，はじめハンドテストに依存した形で出発したが，何度も試行錯誤し，コラージュ表現についての先行基礎研究を検討する中で，コラージュ独自のスコアリングカテゴリーを考えざるをえないことになった。結局は，本書独自のカテゴリーを用いた体系的なコラージュ査定の一案ができたのではないかと考えている。

第4章

一般成人のコラージュ表現

4-1 目　的

コラージュ解釈仮説を適用して，一般成人のコラージュ表現の特徴を示したい。本書では当仮説の中心となるコラージュ・スコアリングカテゴリーに焦点を当てている。ここでもそれを踏襲した上で，従来の研究法である切片数と余白率の実数も参考のため加えて検討した。カテゴリー化することで興味関心の方向や体験型など，一般成人群の特徴が量的に把握できる道筋が作れたように思われる。この統計的資料を臨床にも役立てたい。つまり，成人臨床事例のコラージュ表現を査定する時，母集団の出現率や平均値を参照することで，事例の特徴がより明瞭になるのではないかと考える。

4-2 対象・方法

1）対　象

アートセラピーのワークショップの参加者，大学院生，会社員，社会人聴講生，主婦などの一般成人113名（男性52名，女性61名）である。平均年齢は35.9歳（SD 13.1，21歳〜67歳），数回にわたり10名前後の集団で，参加者はコラージュ制作に協力した。

2）方　法

台紙はB4判の大きさ。切り抜き素材は，チラシ状にした和洋の雑誌（オレンジページ，百楽，サライ，ナショナル ジオグラフィック，Homes, Gardens, Parents, Discoveryなど），宣伝ちらし（旅行社，スーパーマーケット，美術館など）を使用した。制作時間は早い人で30分，長い人で1時間半ぐらいかかり，制限時間は設けなかった。

4-3 結　果

制作されたコラージュを既述のスコアリングカテゴリーの定義に基づき個人

ごとに，スコア化した．なお第3章でも述べたように，定義通りの表現がひとつでもあれば1と得点する（1か0かの得点法）．内容下位カテゴリーの［友好］［子ども］［存在］［主張］［情動］［動物］は，【対人】に集計された．内容下位カテゴリーの［敵意］［食物］［物体］［風景］［抽象］は【対物】に集計された．様式下位カテゴリーの［切片30］［重ね貼り］［くりぬき］［創出］は【表出】に，［べた貼り］［分割］［はみだし］［文字挿入］は【葛藤】に，［余白大］と［矩形］は【後退】に集計された．一般成人群，男性群，女性群の各群について，出現頻度，出現率，平均値，標準偏差，を求めた．

結果を順に述べていきたい．

1）内容下位カテゴリーの出現頻度および出現率

表4-1に内容下位カテゴリーの出現頻度と出現率を示した．その中の一般成人全体の値を見ると，【対人】カテゴリーの下位カテゴリーについては，［存在］の出現率の58.4%（113名中66名に［存在］とスコア化できる表現内容があった）を頂点に，［動物］の出現率は46.9%，［子ども］の出現率は28.3%，［友好］の出現率は26.5%，［主張］の出現率は20.4%と続き，［情動］はわずかに6.2%の出現率（113名中7名）である．【対物】カテゴリーの下位カテゴリーは，［物体］の出現率84.1%（113名中95名）を頂点に，［風景］

表 4-1 一般成人の内容下位カテゴリーの出現頻度と出現率（全体と男女）

		全体 (N=113)		男性 (N=52)		女性 (N=61)		検定結果
		出現頻度 (人数)	出現率 (%)	出現頻度 (人数)	出現率 (%)	出現頻度 (人数)	出現率 (%)	
対人	［友好］	30	26.5	15	28.8	15	24.6	n.s.
	［子ども］	32	28.3	15	28.8	17	27.9	n.s.
	［存在］	66	58.4	33	63.5	33	54.1	n.s.
	［主張］	23	20.4	10	19.2	13	21.3	n.s.
	［情動］	7	6.2	5	9.6	2	3.3	n.s.
	［動物］	53	46.9	23	44.2	30	49.2	n.s.
対物	［敵意］	4	3.5	1	1.9	3	4.9	n.s.
	［食物］	63	55.8	30	57.7	33	54.1	n.s.
	［物体］	95	84.1	40	76.9	55	90.2	n.s.
	［風景］	64	56.6	26	50.0	38	62.3	n.s.
	［抽象］	23	20.4	7	13.5	16	26.2	n.s.

の出現率56.6%，［食物］の出現率55.8%，［抽象］の出現率20.4%と続き，［敵意］の出現率は3.5%（113名中4名）であった。

男性群と女性群の値を比較すると，すべての内容下位カテゴリーについて男女の出現率の値に有意な差は示されなかった。

2）様式下位カテゴリーの出現頻度および出現率

表4-2に様式下位カテゴリーの出現頻度および出現率を示した。その中の一般成人全体の値をみると，【表出】の下位カテゴリーについては，［切片30］の出現率は11.5%であり（113名中13名に切片数を30枚以上用いた［切片30］とスコア化できる表現様式がみられた），［重ね貼り］は79.6%の出現率で非常に高く（113名中90名），［くりぬき］はそのつぎに多い68.1%の出現率であり（113名中77名），［創出］の出現率は21.2%（113名中24名）であった。【葛藤】の下位カテゴリーである［べた貼り］は，1名にのみ生じ，0.9%の低い出現率であった。［分割］の出現率は9.7%（113名中11名），［はみだし］は14.2%の出現率（113名中16名）であり，［文字挿入］の37.2%（113名中42名）は3番目に高い出現率の様式下位カテゴリーであった。【後退】の下位カテゴリーである［余白大］は8.0%（113名中9名），［矩形］は

表4-2 一般成人の様式下位カテゴリーの出現頻度と出現率（全体と男女）

		全体 (*N*=113)		男性 (*N*=52)		女性 (*N*=61)		検定結果
		出現頻度(人数)	出現率(%)	出現頻度(人数)	出現率(%)	出現頻度(人数)	出現率(%)	
表出	［切片30］	13	11.5	6	11.5	7	11.5	n.s.
	［重ね貼り］	90	79.6	32	61.5	58	95.1	***
	［くりぬき］	77	68.1	33	63.5	44	72.1	n.s.
	［創出］	24	21.2	7	13.5	17	27.9	*
葛藤	［べた貼り］	1	0.9	0	0.0	1	1.6	n.s.
	［分割］	11	9.7	8	15.4	3	4.9	n.s.
	［はみだし］	16	14.2	6	11.5	10	16.4	n.s.
	［文字挿入］	42	37.2	18	34.6	24	39.3	n.s.
後退	［余白大］	9	8.0	8	15.4	1	1.6	*
	［矩形］	7	6.2	7	13.5	0	0.0	**

*$p<.05$　　**$p<.01$　　***$p<.001$

6.2%の出現率（113名中7名）であった。

男性群と女性群の値を比較すると，差の大きいカテゴリーが多い。カイ自乗検定，および直接確率計算法による検定（0あるいは5未満のセルを含むカテゴリーについて）をして有意差の示されたカテゴリーは以下の通りである。［重ね貼り］は男性が61.5%で女性が95.1%（$\chi^2_{(1)} = 19.48$, $p < .001$），［創出］は男性が13.5%で女性が27.9%であり（$\chi^2_{(1)} = 3.48$, $p < .05$），共に女性の方が有意に高い出現率であった。一方，男性が有意に高い出現率となった下位カテゴリーは，［余白大］（直接確率計算法，両側検定，$p = .011$）と［矩形］であった（直接確率計算法，両側検定，$p = .003$）。

3）内容カテゴリーの出現率と平均値

内容カテゴリーの【対人】は，［友好］［子ども］［存在］［主張］［情動］［動物］の合計なので，最低は0点，最高は6点となる。例えば，［友好］と［子ども］が得点化された人の値は2点となる。【対物】は，［敵意］［食物］［物体］［風景］［抽象］の合計なので，最低は0点，最高は5点となる。表4-3Aには，【対人】カテゴリーの値が0から6までについて，それぞれ何パーセントの出

表4-3A　一般成人の内容カテゴリーの出現率（全体と男女）

	下位カテゴリー合計得点[1]	全体（$N=113$）出現率（%）	男性（$N=52$）出現率（%）	女性（$N=61$）出現率（%）
Σ【対人】	0	17.7	9.6	24.6
	1	23.9	28.8	19.7
	2	26.5	30.8	23.0
	3	19.5	21.2	18.0
	4	10.6	7.7	13.1
	5	1.8	1.9	1.6
	6	0	0	0
Σ【対物】	0	7.1	13.5	1.6
	1	13.3	11.5	14.8
	2	38.9	40.4	37.7
	3	33.6	30.8	36.1
	4	7.1	3.8	9.8
	5	0	0	0

1) 得点化された下位カテゴリーの合計得点を指す。

表 4-3B 一般成人の内容カテゴリーの平均値（全体と男女）

			全体（$N=113$）	男性（$N=52$）	女性（$N=61$）	検定結果
Σ	【対人】	平均（SD）	1.87 (1.31)	1.94 (1.18)	1.80 (1.42)	n.s.
Σ	【対物】	平均（SD）	2.20 (1.00)	2.00 (1.07)	2.38 (0.92)	n.s.

現であったかを示し，【対物】カテゴリーについても同様の手続きを行った。まず，【対人】カテゴリーについては，2と得点された人が26.5％で最も多く，【対物】カテゴリーも2と得点された人が38.9％で最も多く，両カテゴリーとも得点2が多数派の頂点であった。

内容カテゴリーの平均値については（表4-3B），一般成人全体では，Σ【対人】が1.87で，Σ【対物】が2.20であった。【対人】の総点が6，【対物】の総点が5を考えると，非対人指標が少し高くみえるが，一般成人内の【対人】と【対物】の有意差は示されなかった。男性群と女性群の値を比較すると，内容カテゴリーの値は，Σ【対人】について，男性が1.94で女性が1.80，Σ【対物】については，男性が2.00で女性が2.38であるが，こちらも男女群間に有意な差は示されなかった。

4）様式カテゴリーの出現率と平均値

様式カテゴリーの【表出】は，［切片30］［重ね貼り］［くりぬき］［創出］の合計であり，【葛藤】は，［べた貼り］［分割］［はみだし］［文字挿入］の合計，【後退】は［余白大］と［矩形］の合計である。一般成人の各カテゴリーは何パーセントの出現率であるかを求めて表4-4Aに示した。表4-4Aをみると，【表出】の出現率は，得点2の人が44.2％で最も多く，【葛藤】は得点0の人が51.3％であった。つまり，【葛藤】の下位カテゴリーである［べた貼り］［分割］［はみだし］［文字挿入］のうちのどれかにスコア化されるような表現様式が全くない人が半数を超えたのである。

様式カテゴリーの平均値は表4-4Bに示した。一般群全体のΣ【表出】の平均値は1.81，Σ【葛藤】の平均値は0.62，Σ【後退】の平均値は0.14であった。男性群と女性群を比較するために，性と様式カテゴリーを2要因とする分散分析を行った。その結果，【表出】カテゴリーは女性の平均値が2.07で男性の平均値が1.50であり，女性の平均値が有意に高いことが示された［$F(1,111)=$

表 4-4A 一般成人の様式カテゴリーの出現率（全体と男女）

	下位カテゴリー 合計得点	全体 (N=113) 出現率 (%)	男性 (N=52) 出現率 (%)	女性 (N=61) 出現率 (%)
Σ【表出】	0	7.1	15.4	0
	1	30.1	36.5	24.6
	2	44.2	34.6	52.5
	3	12.4	9.6	14.8
	4	6.2	3.8	8.2
Σ【葛藤】	0	51.3	53.8	49.2
	1	36.3	30.8	41.0
	2	11.5	15.4	8.2
	3	0.9	0	1.6
	4	0	0	0
Σ【後退】	0	86.7	86.5	98.4
	1	12.4	13.6	1.6
	2	0	0	0

表 4-4B 一般成人の様式カテゴリーの平均値（全体と男女）

		全体 (N=113)	男性 (N=52)	女性 (N=61)	検定結果
Σ【表出】	平均 (SD)	1.81 (0.96)	1.50 (1.0)	2.07 (0.85)	**
Σ【葛藤】	平均 (SD)	0.62 (0.72)	0.62 (0.75)	0.62 (0.49)	n.s.
Σ【後退】	平均 (SD)	0.14 (0.37)	0.29 (0.50)	0.02 (0.13)	***

**$p<.01$ ***$p<.001$

10.52, $p<.01$]。一方,【後退】カテゴリーの平均値は男性が 0.29 で女性が 0.02 であり，男性が高く有意の差が示された [$F(1,111)=16.89, p<.001$]。これらをまとめて検討する体験型（Σ【表出】：Σ【葛藤】：Σ【後退】）の値は，女性は 2.07：0.62：0.02 であるのに対して，男性は 1.50：0.62：0.29 であった。【葛藤】は男女でほとんど変わらないが，【後退】については男性が高く，【表出】については女性の方が高いことが示された。

5) 一般成人全体，男性群，女性群の切片数と余白率

表 4-5 には一般成人全体，男性群，女性群の 3 群について，切片数と余白率を示した。一般成人全体の平均切片数は 17.01, 平均余白率は 18.94％ であった。

表 4-5 一般成人の切片数と余白率（全体と男女）

	全体 (N=113)		男性 (N=52)		女性 (N=61)		検定結果
	平均	SD	平均	SD	平均	SD	
切片数（枚）	17.01	13.15	14.42	10.76	19.21	14.61	*
余白率（％）	18.94	17.00	25.21	18.91	13.59	13.12	n.s.

*$p<.05$

男性群と女性群を比較すると，平均切片数は男性が 14.42 枚で，女性が 19.21 枚であり，t 検定を行った結果，女性の方が男性より多く有意な差が示された（$t=1.95$, $df=111$, $p<.05$）。女性の方が切片数の使用については積極的であった。余白率は，男性 25.21％で，女性が 13.59％であったが，有意な差は示されなかった。空間使用については性差は示されなかったのである。

4-4 一般成人のコラージュ解釈実際例

＊例1　K　20代　大学院生女性　タイトル「良いなと思ったもの」（図4-1）

図 4-1　20代女性Kの「良いなと思ったもの」

まず内容面について，人物は登場しないのでΣ【対人】＝0 である。つぎに，【対物】については，「パン（右上）」や「スープ（左下）」に［食物］が，「靴

(右下)」「カップ（中央左）」などが［物体］に，「丸いくりぬき」が［抽象］に得点がつき，Σ【対物】＝3である。その結果，Σ【対人】：Σ【対物】＝0：3である。【対人】反応が全くないのはあまり他者に関心が向かないのか，抑制がかかるのであろうか。【対人】カテゴリーについての一般成人全体の平均値1.87（SD 1.31），女性の平均値1.80（SD 1.42）と比較すると，人物が出現しないのは大きな特徴である。しかし，物に対しては積極的に表現した。中立的な［物体］だけでなく，［食物］はエネルギーを取り入れる率直な，少し子どもっぽい積極性を，［抽象］は知的で洗練された傾向を表現している。ここには，率直な欲求と知的防衛とが拮抗することが生じるかもしれない，葛藤の可能性が垣間見える。

　様式的側面の【表出】については，「スープ」と「丸」が重なるため［重ね貼り］が，「パン」や「靴」がくりぬかれているため［くりぬき］が，「丸」が作られたため［創出］が，それぞれスコアされるため，Σ【表出】＝3である。【葛藤】については，「靴」や「♪」や「丸」が［はみだし］に得点がつき，Σ【葛藤】＝1である。その結果，体験型（Σ【表出】：Σ【葛藤】：Σ【後退】）は3：1：0である。自由で積極的な自己表出がみられ，活発さが時に枠をはみだすことになるかもしれないが，わずかなはみだしであり，戸惑いつつ，がんばりたいというあり方を思わせる。

＊例2　L　40代女性　医療系対人援助職　タイトル「無題」（図4-2）
　内容面に注目すると，【対人】では，「犬（左下）」が［動物］にスコアされた。【対物】では，「古銭（右下）」が［物体］に，「背景の英字」が［抽象］にスコアされ，Σ【対人】：Σ【対物】＝1：2である。一般成人のΣ【対人】：Σ【対物】の平均は1.87（SD 1.31）：2.20（SD 1.00）であることと考え合わせると，物への関心は普通であるが，人への関心は高くはない。しかも【対物】カテゴリーの内容は，［物体］，［抽象］であり，生の欲求表現からは遠く，知性化，抽象化することで事態を客観視しようとする傾向がみられる。

　様式面については，【表出】に相当するのは，30枚以上の切片を使用しているため［切片30］がスコアされ，「英字」の上に「犬」や「古銭」が重ねて貼られているため，［重ね貼り］がスコアされ，「犬」や「古銭」がくりぬかれて

図 4-2　40代医療系対人援助職女性Lの「無題」

いるため［くりぬき］がスコアされ，中央の「赤い花」は切り絵として作りだしたものであるため［創出］がスコアされた。これら4つは【表出】の下位カテゴリーすべてであり，Σ【表出】＝4となった。一般成人全体の【表出】の平均値1.81，女性の平均値2.07と比較すると，非常に表出性は高い。【葛藤】や【後退】にスコア化できるような表現がなかったので，体験型（Σ【表出】：Σ【葛藤】：Σ【後退】）は4：0：0となり，さまざまな方法を用いて自己表現し，不適応傾向や後退傾向はみられず，積極的で，個性を前面に出して活動性が高い女性と推測できる。

＊例3　M　50代女性　福祉関係職　タイトル「5年生の頃」（図4-3）
　内容面についてみると，【対人】カテゴリーについては，中央の大きな「顔」が［存在］に，「ニワトリ（右中）」が［動物］にスコアされて，Σ【対人】＝2である。【対物】については，「パン（右上）」が［食物］に，「花（左上）」が［物体］に，「海のある風景（中央上）」が［風景］に，「不定形（右下の黄土色）」が［抽象］にスコアされ，Σ【対物】＝4となる。Σ【対人】：Σ【対物】＝2：4である。人にも物にも多方面に関心を示している。それは，本能や大地に繋がった「ニワトリ」という［動物］や，対象を距離化する［風景］など広範囲

図4-3　50代福祉関係職女性Mの「5年生のころ」

にわたる。

　様式面の【表出】については，30枚以上の切片を用いているため［切片30］が，「赤い頭部」の上に「花」が貼られているため［重ね貼り］が，「パン」がくりぬかれているため［くりぬき］が，「母の顔」が切り絵として作られたので［創出］が，すべて【表出】の得点となり，Σ【表出】＝4となる。そして，【葛藤】にも【後退】にも相当する表現はなかったため，体験型（Σ【表出】：Σ【葛藤】：Σ【後退】）は4：0：0となった。新奇場面への対応に問題はなく，創意工夫して自己表現している。体験型については，例3のLと同じであるが，関心の向きや範囲が異なる。Lは知的で洗練された事象にエネルギーが向く（［動物］［物体］［抽象］が出現）が，Mは，具体的で土着的，現実に根ざしたことにエネルギーが向き，自らの欲求も受容した懐の深さ（［存在］［動物：ニワトリで表現］［食物］［物体］［風景］［抽象］が出現）を感じさせる。

＊例4　N　40代男性　公務員　タイトル「いろいろな世界」（図4-4）
　内容面のΣ【対人】については，「ダンスする男女（左下）」が［友好］に，「ろうそく皿の女性（中央下）」が［存在］に，「ポーズするカウボーイ（左上）」が［主張］に，「抱擁する男女（左下）」が［情動］に，「ゾウ（中央左）」が［動

第4章　一般成人のコラージュ表現

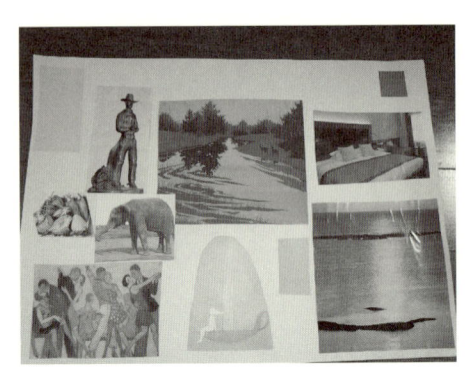

図4-4　40代公務員男性Nの「いろいろな世界」

物］に，それぞれスコアされてΣ【対人】＝5である。Σ【対物】については，「カウボーイのピストル（左上）」が［敵意］に，「魚介類（中央左）」が［食物］に，「ベッド（右上）」が［物体］に，「川のある風景（右下）」が［風景］に得点がつき，Σ【対物】＝3である。したがって，Σ【対人】：Σ【対物】＝5：3である。一般成人全体の【対人】の平均値1.87（SD 1.31），男性の平均値1.94（SD 1.18）や，一般成人全体の【対物】の平均値2.20（SD 1.00），男性の平均値2.00（SD 1.07）と比較すると，内容的には多種のものが用いられ，関心の幅は広いことが分かる。とりわけ，対人関係については多様なかかわりの持ち方が表現され，成熟した成人としての姿を彷彿させる。また，物とのかかわりも，内なる攻撃性を［敵意］表現で示し，口唇的取り入れ欲求を［食物］表現で示す等，欲動を率直に認める一方，中立的な［物体］や，距離化・客観化する［風景］も出現し，知的で情緒的コントロールをしようとする傾向もある。複眼的に事態をとらえかかわろうとする姿を感じさせる。さらに推測するなら，対人関係においてあれこれかかわらざるをえない，気苦労の多さがあるかもしれない。

　様式下位カテゴリーは，［重ね貼り］（「川のある風景」と「ゾウ」）と［創出］（左上隅の「黄色の長方形」を「月」とし，右上部隅の「赤色正方形」は「太陽」，「水色長方形」を「水」とした）に得点がつき，体験型（Σ【表出】：Σ【葛藤】：Σ【後退】）は2：0：0である。不適応傾向や後退傾向はなく，自分らしさを大事にしながらも自己主張しすぎるのでなく，（一般成人全体の【表出】

の平均値 1.81（SD 0.96），男性の平均値 1.50（SD 1.0）を考え合わせると）
ほどほどの自己表出がみられる。

4-5 考　察

　一般成人のコラージュ作品は，内容を示すカテゴリー Σ【対人】：Σ【対物】
は 1.87：2.20 となり，物に少しウェイトがかかるものの大きな偏りはなく，
人にも物にも関心を示した。その具体的な内容は，人については［存在］が，
物については［物体］が，という中立的な対象が中心である。［風景］や［食
物］も半数以上の人が用いており，客観性を含んだ穏やかさや率直な取り入れ
欲求も受容されているようである。攻撃性を示す［敵意］も 3 名に出現したが，
そのうちのひとつは，未開部族が持つ原始的な武器として登場した「地球と自
然」であり，ほかのひとつは「自然を破壊する欲望」というタイトルで，野原
に切り込まれたナイフとして出現している。どちらも，個人的な敵意というよ
りも，文化や環境に注意を向けた，社会に許容される形での敵意表現である。
　このように，環境問題や社会活動，家族をテーマとしたコラージュ表現が顕
著であり，身近で具体的な表現が多かった。タイトルをつけた人も多く，意識
レベルに近い素材を選んでのコラージュ制作だったのかもしれない。成人のコ
ラージュ表現は比較的分かりやすいというのが，全体の印象である。内容面の
【対人】や【対物】カテゴリーに男女差が出なかったことは興味深い。つまり，
興味，関心，理想像，願望，信念などについては群としての男女差はみられず，
個別性の問題が投映されたと考えられる。
　一方，様式カテゴリーは男女の性差がみられ，体験の仕方は異なるようであ
った。つまり，男性は女性よりも【後退】が高く，【表出】が少ないことが示
されたのである。おしゃべりやファッションを通して，自己表出する傾向が強
い女性像の典型と一致する結果であろう。しかし，男女を比較しての結果であ
り，一般成人全体としては，葛藤が少しありながらも，さまざまな工夫をして
自己表出しようとする適応的な傾向がコラージュ表現により示されたと考えら
れる。

第 5 章

大学生のコラージュ表現

5-1 目　　的

　第3章で提案したコラージュ解釈仮説を用いて，大学生のコラージュ表現を検討する。当仮説を，コラージュに表現された青年期心性のさまざまな側面を包括的にとらえるために活用したい。とりわけ本章では，スコアリングという量的分析に質的分析も加えて解釈するという試みを示した（山上，2012）。

5-2 対象・方法

1）対　　象

　X大学在学中の男女大学生（平均年齢20.7歳）62名ずつ，計124名。小規模の授業で制作した人や，自らの希望で申し出た人等，制作への動機はさまざまであり，一般集団のデータとしては適切ではないかと考えられる。なお，データ使用については統計的に扱うので個人は特定されないこと，ただし，作品の写真提示の学生については個別に了解を得たので，倫理的問題はクリアされたと考える。

2）方　　法

　参加者は数回の機会に，さまざまなグループ（3〜40名）に分かれて制作した。多種のチラシ状にした和洋の雑誌（オレンジページ，百楽，サライ，ナショナル ジオグラフィック，Gardens, Parents, Discoveryなど），宣伝ちらし（旅行社，スーパーマーケット，美術館など），のり，はさみ，台紙（B4ケント紙か八つ切り画用紙）を用意して，「これらの写真の中から，好きなように選んで切って，台紙に貼って仕上げて下さい」という教示で実施。時間は30分から1時間を要した。

　収集したコラージュ作品について，2名の臨床心理士が1枚ずつカテゴリーの定義に基づいて評定し，一致しないカテゴリーについては再検討して確定した。各下位カテゴリーを集計した【対人】【対物】【表出】【葛藤】【後退】の結果を，全大学生，男女大学生群の3群にまとめ，各群の出現頻度，出現比率，

平均値・標準偏差などを求めた。コラージュ・スコアリングカテゴリー以外の指数（平均切片数・平均余白率）も，先行研究ではよく用いられているので加え，SPSS統計ソフトを用いて，有意差を検定した。さらに，質的分析のひとつとして，「印象評定尺度」（今村，2006）の「明るい」「色数の多い」などの評定項目を用いた。比較群として，一般成人113名（男性52名，女性61名，平均年齢35.9歳）[11)]を参考にした。

5-3 結　果

5-3-1　量的分析
1）内容下位カテゴリーについて（表5-1）

　内容下位カテゴリーについての一般成人と大学生，大学生男女の平均値を比較するためにχ^2検定を行った。表5-1の大学生全体の値をみると，【対人】の下位カテゴリーは，［存在］の50.8%が頂点であった（124名中63名のコラージュ表現に［存在］とスコア化できる表現内容があった）。つづいて，［子ども］は33.9%，［友好］は29.0%，［主張］は26.6%に出現し，［情動］と［動物］はどちらも17.7%（124名中22名）に出現した。一般成人の［存在］［子ども］［友好］［主張］の各カテゴリーは58.4%，28.3%，26.5%，20.4%であり，大学生との大きな差がないのに対して，［情動］は一般成人では6.2%で，大学生の方が多く有意な差が示された（$\chi^2_{(1)} = 7.34$, $p<.01$）。［動物］は一般成人の出現率は46.9%であり，一般成人の方が高く有意な差を示した（$\chi^2_{(1)} = 23.24$, $p<.001$）。【対物】の下位カテゴリーのうち，最も頻繁に出現するのは［物体］で，大学生の71.0%に出現した（一般成人の［物体］出現率は84.1%）。つぎに，［食物］が46.8%の出現率（一般成人の［食物］出現率は55.8%），［風景］は30.6%の出現率（一般成人の［風景］出現率は56.6%）であった。［抽象］は約30.6%の出現率で，一般成人の20%と比べると大学生の方が高い値（傾向差）であった（$\chi^2_{(1)} = 3.28$, $p<.1$）。また，ナイフや包丁などの凶器・武器のカテゴリー［敵意］が2%の大学生に出現した。一般成人の

---
11) 一般成人の詳しい集計結果は，本書の第4章，および山上（2010a）を参照されたい。

表 5-1 大学生と一般成人の内容下位カテゴリーの出現頻度と出現率

		大学生 (N=124)		一般成人 (N=113)		検定結果
		出現頻度	出現率（%）	出現頻度	出現率（%）	
対人	［友好］	36	29.0	30	26.5	n.s.
	［子ども］	42	33.9	32	28.3	n.s.
	［存在］	63	50.8	66	58.4	n.s.
	［主張］	33	26.6	23	20.4	n.s.
	［情動］	22	17.7	7	6.2	**
	［動物］	22	17.7	53	46.9	***
対物	［敵意］	3	2.4	4	3.5	n.s.
	［食物］	58	46.8	63	55.8	n.s.
	［物体］	88	71.0	95	84.1	n.s.
	［風景］	38	30.6	64	56.6	n.s.
	［抽象］	38	30.6	23	20.4	†

† $p<.1$　　** $p<.01$　　*** $p<.001$

3.5％に出現した［敵意］表現は，社会的に許容できる内容（環境問題など）の表現であったのに対して，大学生の［敵意］表現は査定者が追体験し難い内容であった。

　大学生の男性群と女性群の内容下位カテゴリーの出現率を比較すると，有意な差が示されたカテゴリーは［子ども］のみであった。男性の出現率が24.2％で女性の出現率が43.5％であった（$\chi^2_{(1)}=5.19$, $p<.05$）。

2）様式下位カテゴリーについて（表 5-2）

　様式下位カテゴリーについての一般成人と大学生，大学生男女の平均値を比較するためにχ^2検定を行った。一般成人と大学生の間で有意差の出たカテゴリーはなく，［重ね貼り］については大学生の出現率は67.7％，一般成人は79.6％，［くりぬき］は大学生61.3％，一般成人68.1％，［文字挿入］は大学生49.2％，一般成人37.2％であった。出現率の低いカテゴリーでは，［矩形］の出現率が大学生8％，一般成人6％であり，［べた貼り］の出現率では傾向差が示され，大学生4％，一般成人0.9％であった（$\chi^2_{(1)}=2.37$, $p<.1$）。

　表 5-2 で示すように，様式下位カテゴリーについて大学生の男性群と女性群の比較をすると，有意差を示したカテゴリーは多かったので，以下に列挙する。

表 5-2 大学生男女の様式下位カテゴリーの出現頻度と出現率

		男性 (N=62)		女性 (N=62)		検定結果
		出現頻度	出現率 (%)	出現頻度	出現率 (%)	
表出	[切片30]	1	1.6	9	14.5	**
	[重ね貼り]	32	51.6	52	83.9	***
	[くりぬき]	42	67.7	34	54.8	n.s.
	[創出]	6	9.7	13	21.0	n.s.
葛藤	[べた貼り]	2	3.2	3	4.8	n.s.
	[分割]	16	25.8	3	4.8	***
	[はみだし]	7	11.3	6	9.7	n.s.
	[文字挿入]	36	58.1	25	40.3	*
後退	[余白大]	15	24.2	3	4.8	**
	[矩形]	8	12.9	2	3.2	*

$^{*}p<.05$　　$^{**}p<.01$　　$^{***}p<.001$

①男性の値が女性の値よりも有意に高くなったカテゴリー

・[分割]の出現率について，男性群が25.8%，女性群4.8%であり，有意な差が示された（$\chi^2_{(1)}=10.50, p<.001$）。最も顕著な[分割]は，「キメラ人間」（身体の合成）にみられ，男性では11名，女性では1名にみられた。ただし，中学生で出現した異類合体（例：人間と動物）のような激しい表現ではなく，女性の身体に男性の顔のような人間同士のものである（図5-1）。なお，女性1名にみられた「キメラ人間」は，男性の身体に男性の顔であり，性の交差はなかった。

・[文字挿入]の出現率について，男性群が58.1%，女性群40.3%であり，有意な差であった（$\chi^2_{(1)}=3.90, p<.05$）。[文字挿入]は主として，商品の値段や，観光地の名前・説明などであり，視覚的イメージを補足するものとしての文字がみられた。

・[余白大]の出現率は，男性群が24.2%，女性群が4.8%であり，有意な差であった（$\chi^2_{(1)}=9.36, p<.01$）。

・[矩形]の出現率に関して，男性群が12.9%（62名中8名），女性群3.2%（62名中2名）であり，有意差が示された（$\chi^2_{(1)}=3.92, p<.05$）。

図 5-1　男子大学生の「じじい」:［分割］の「キメラ人間」の例

②女性の値が男性の値より高くなったカテゴリー
- ［切片 30］の出現率について，男性群は 1.6%，女性群は 14.5% であり，差が有意であった（$\chi^2_{(1)}=6.96$, $p<.01$）。
- ［重ね貼り］の出現率について有意な差が示された（$\chi^2_{(1)}=14.76$, $p<.001$）。女性の 83.9% は重ね貼りをするのに対して，男性は 51.6% の人が［重ね貼り］をしている。

3）内容カテゴリーについて

　大学生全体，男性群，女性群の内容カテゴリーの平均値を求めると，表 5-3 のようになった。大学生全体の Σ【対人】と Σ【対物】の比は 1.73：1.81 であり，人間にも物にも関心を示している。男性群と女性群を比較すると，男性群は 1.65：1.60，女性群は 1.79：2.03 であったが，Σ【対人】についても，Σ

表 5-3　大学生の内容カテゴリーの平均値（全体と男女）

		全体（$N=124$）	男性（$N=62$）	女性（$N=62$）	検定結果（男女）
Σ【対人】	平均（SD）	1.73（1.22）	1.65（1.15）	1.79（1.32）	n.s.
Σ【対物】	平均（SD）	1.81（1.05）	1.60（1.06）	2.03（1.01）	n.s.

【対物】についても，有意差はみられなかった。

4）様式カテゴリーについて

大学生全体，男性群，女性群の様式カテゴリーの平均値を求めると，表5-4のようになった。体験型は，Σ【表出】：Σ【葛藤】：Σ【後退】の比で表されるが，大学生全体は 1.51：0.76：0.22 であった。男性群と女性群を比較するために χ^2 検定を行うと，Σ【葛藤】の平均値について，男性群が0.97，女性群が0.55であり，有意な差を示した（$\chi^2_{(1)} = 9.52$, $p<.01$）。Σ【後退】の平均値に関しても，男性群が0.37，女性群が0.06であり，有意な差を示した（$\chi^2_{(1)} = 14.70$, $p<.001$）。

表5-4 大学生の様式カテゴリーの平均値（全体と男女）

		全体（N=124）	男性（N=62）	女性（N=62）	検定結果（男女）
Σ【表出】	平均（SD）	1.51（0.90）	1.31（0.82）	1.71（0.93）	n.s.
Σ【葛藤】	平均（SD）	0.76（0.77）	0.97（0.85）	0.55（0.50）	**
Σ【後退】	平均（SD）	0.22（0.45）	0.37（0.55）	0.06（0.25）	***

** $p<.01$ *** $p<.001$

5）切片数と余白率

表5-5には大学生全体，男性群，女性群の切片数と余白率の平均値と標準偏差を示した。切片数は，女性が15.18枚（SD 13.36）に対して，男性は8.98枚（SD 6.60）であり，t検定をすると有意な差がみられた［$t(122)=6.96$, $p<.01$］。切片数が最も少ない2枚の男性の例（図5-2）と，最も多い91枚の女性の例（図5-3：［切片30］の例としても第3章で使用した）を示す。

余白率（コラージュ作品の画面全体で余白の占める割合）の平均は男性が

表5-5 大学生の切片数と余白率（全体と男女）

	全体（N=124）	男性（N=62）	女性（N=62）	検定結果（男女）
	平均（SD）	平均（SD）	平均（SD）	
切片数（枚）	12.10（11.00）	8.98（6.60）	15.18（13.36）	**
余白率（％）	25.30（12.80）	23.00（42.00）	5.00（21.80）	**

** $p<.01$

図5-2 男子大学生の「シュール」：切片数2枚の例

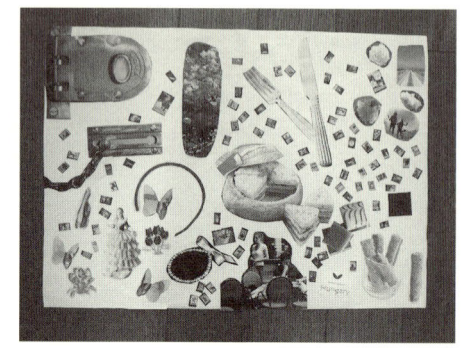

図5-3 女子学生の「洋」：切片数91枚の例

23.00%（SD 42.00），女性が5.00%（SD 21.80）であり，有意な差が示された [$t(122)=9.36, p<.01$]。しかも，男性の空間使用についての多様性は大きく，全く余白のない0％から95％までさまざまである。女性は台紙に余白を残さない人が大半を占める。

　以上，量的分析をまとめると，大学生は対人関係も環境への生産的な行動も，どちらかに大きく偏ることなく無難になされ，常識的で友好的な対人関係を基盤としている。しかし，高い[情動]出現率は激しい情動表出を示し，また一方では[抽象]出現率も高く，その欲動を距離化，知性化で抑えようという動きもある。こうして，葛藤的になるために効果的な行動に繋がらないことにもなる。この不適応感はとりわけ男性に顕著である。体験型（Σ【表出】：Σ【葛藤】：Σ【後退】）は，男性が1.31：0.97：0.37で，女性が1.71：0.55：0.06であり，女性は切ったり貼ったりという手作業を厭わず，むしろ積極的に楽しんでいるようであった。

　一方，男性の半分は，作業そのものには消極的であり，男性の方が圧倒的に不適応的，後退的である。まじめに授業に出席するのが大半を占める女子学生と，回避的で，授業をさぼることも少なからずある男子学生の日頃の姿を彷彿

させる結果である。つまり，コラージュ制作という課題遂行場面で，定式的なやり方で真剣に実直に取り組む女性と，コラージュの場をうまく対処しきれない男性である。しかし，独特の個性あるスタイルで，とりわけ，高い［分割］出現率で示されるように，時には傷つきや欲動まで出してしまう男性は，ある面，積極的な表出をしているとも言える。したがって，量的分析だけからではつかみ難い複雑さを含んでいる。ここに，質的分析を加味することが求められるのではないかと思う。

5-3-2 質的分析

　質的分析に定式はなく，査定者の視点に依存している。そのため，査定者の主観的解釈が含まれることもありうる。しかし，主観的解釈は，どの投映法を用いても避けることのできない側面であり，そのことを認識した上で，積極的に意味を見いだしたい。コラージュ表現の質的分析としては，全体の印象について5件法で評定する「印象評定尺度」(今村，2006) が有用である。実際，非言語的な投映法の査定において，全体の印象は欠くことができない重要な視点である。しかし，「明るい」「色数の多い」などは比較的評定しやすい項目であるが，「未来的な」「過去的な」などは，評定者の臨床経験や主観が強く働き，誰でもできる客観的指標としては難しい面もある。また，「判断軸」(森谷，1999a) でも取り上げられている「ペルソナ[12]」「アニマ・アニムス」，更に，「リビドーの固着」など深層心理学的観点から，あるいは認知の偏りなどの認知心理学や発達心理学的観点からも検討できよう。

　本書では大学生の一般的傾向を取り上げるため，青年期の発達課題であるアイデンティティについて自我心理学的観点から，また，イニシエーションやペルソナ形成についてユング心理学的観点も加えて考えてみたい。具体的には，「切片どうしの関係づけ」「人物像の性」「ハート型」などについて検討し，大学生群の特徴，とりわけ男女の差異などについて，明確にしたい。

---

[12] 本来は古典劇で用いられた仮面のことであるが，ユング心理学では外界に向けての自己の側面を指す。personality (人格) の語源でもある。

1) 切片どうしの関係づけ

　切片どうしの関係づけは，女性よりも男性に多くみられ（31：12），有意な差であった（$\chi^2_{(1)}=15.38, p<.001$）。関係づけは男性では，「キメラ人間」が代表的で，その他にも「皿を帽子様に被った女性」（図5-4）などシュールなものや，「水道の蛇口」と「本を読む男性」で，「頭から水をかけられる男性」，「ヤギ」と「ピザ」で「ピザを食べるヤギ」というブラック・ユーモア的表現をしたものが目立った（図5-5）。一方，女性の場合は，人間と動物を関係づけて，「動物を抱いている」場面（図5-6），草原と犬で「草原を走る犬」，女

図5-4　男子大学生の「ズレ」：関係づけの例

図5-5　男子大学生の「無題」：関係づけの例

の子と花で「花に水遣りをしている女の子」など，自然な関係づけであった。

図5-6　女子大学生の「無題」：関係づけの例

2）人物像の性

人物像の性を検討することで，制作者の同一性の問題や，ペルソナ，アニマ・アニムスなどのより詳しい情報を得ることができると思われる。コラージュに登場する人物像のうち，同性の人物像は，自分の性をどう受けとめているか，同一化している自己，理想的な自己，ペルソナなどの表象と考えても良いであろう。大学生の多くは同性と異性の両方を登場させたが，同性像のみは男性6名，女性18名で，女性の方が有意に多かった（$\chi^2_{(1)} = 6.06$, $p<.05$）。性的同一視について，女性の方が自分の性をスムースに受け入れているのかもしれない。これと対照的に，異性像しか登場させないのは男性19名，女性4名であり，男性における出現割合が高い（$\chi^2_{(1)} = 12.01$, $p<.001$）。男性にとって，欲動の対象としての女性への関心の強さがあるとともに，内なる女性像・アニマ（自分の中の女性性）が問題になっているとも考えられる。

3）「ハート型」

オリジナルフォトの内容を無視して切り抜かれた「ハート型」（図5-7）は，女性にしか出現しなかった。愛情や優しさのシンボルである「ハート」が画面全体に飛ばされ，散らばったアイテムを繋ぐ役目をしているかのようであった。ここに，繋ぐという母性機能の発現をみることも可能かもしれない。

図 5-7　女子大学生の「お姫様になりたい」

4）「明るくかわいい」女子大学生

　大学生のコラージュ表現の印象をとらえるために，「印象評定尺度」の数項目を適用した。そのうち，「明るさ」については女性が高く（$t=2.75$, $df=122$, $p<.01$），「動的」についても女性が高かった（$t=2.98$, $df=122$, $p<.01$）。女子学生全体としては，「お姫様になりたい」（図5-7）が典型的なように，ピンクの色調で，「かわいい小物類」「花」「ハート型」「乳幼児」が多く登場し，明るく軽やかで，かわいい少女ペルソナで生きている印象を与えるものであった。もっとも，女性的なエロスの表出，挑発的なペルソナ表現もわずかだがあった（図5-8）。ただし，このような成熟した女性像だけのコラージュ表現は少なく（62名中4名），成人女性が登場しても必ず同性の子どもが加えられていた。

図 5-8　女子大学生の「無題」

ここに，女性としてのエロスだけを強調する女子学生は少数派であり，少女期への固着か，母と子の関係を投映するかのどちらかが多数派であることが示された。

5-4　大学生のコラージュ解釈実際例

　本節ではスコアリングカテゴリーを用いた解釈の例を示したい。実際の臨床コラージュ査定においては，量的・質的分析の他に，その他の情報（もしあれば制作者の生活歴，問題点，心理テスト結果など）を加えて，統合的な解釈へと導きたいのであるが，ここでは，それらの情報は少ない。したがって，熟練した心理臨床家にとっては物足りない解釈かもしれないが，コラージュ療法初心者でも，カテゴリーに沿って見ていけば，これ位は解釈できるだろうという例である。

＊例1　B　20代前半　男性　タイトル「無題」（図5-9）

図5-9　男子大学生Bの「無題」

　内容面の【対人】カテゴリーに相当するものはなかったので，Σ【対人】＝0である。【対物】カテゴリーについては，「調理台の野菜（左上）」が［食物］にスコアされ，「レンジ（右上）」が［物体］に得点がつき，Σ【対物】＝2である。したがって，Σ【対人】：Σ【対物】＝0：2である。対人反応が全く出現しないことは，人に関心がないのか，あるいは情緒的かかわりの拒否や回避

なのか，いずれにしても適切な対人対応が難しいのかもしれない。

様式面の【表出】カテゴリーに相当する切片は見当たらず，Σ【表出】＝0である。【葛藤】については，値段表示があるため［文字挿入］がスコアされて，Σ【葛藤】＝1である。Σ【後退】については，画面全体の 3 分の 1 以上の余白があるため［余白大］がスコアされ，さらにすべてが正方形に切られているので［矩形］に得点がつき，Σ【後退】＝2 である。したがって，Σ【表出】：Σ【葛藤】：Σ【後退】＝0：1：2 となる。与えられた場を生かしきれず，後退傾向が強い。対象と距離をとることやありきたりの定式的なやり方をとることで自己防衛しているのかもしれない。

〈質的分析〉　同じ形に切り取られた 5 枚の切片はすべて台所器具（レンジや冷蔵庫）であり，添え物の食物はあるものの，焦点はあくまで器具そのものである。無機的な物へのこだわりや関心の狭さを感じさせる。カタログ写真からの切片には，価格の数字が残って粗雑であり，用紙全体に占める余白のあり方は収まりが悪い。

〈その他の情報〉　コラージュ制作の感想として「難しかった」と書かれていた。

〈統合的解釈〉　コラージュを「遊び」というより，見慣れぬ「課題」ととらえてしまうのであろうか，自由に楽しむのは難しかったようである。融通性に乏しく少々固い感じがする。しかし，苦心しながらも取り組もうとする姿勢はあり，情緒を介さないやり方で対応するかもしれない。

＊例 2　C　20 代前半　男性　タイトル「ジャスト」（図 5-10）

タイトルは「ジャスト」（図 5-10）とつけられたが，何を指しているのか，共感するのが難しい。内容面の【対人】カテゴリーは，「下半身の男性（右下）」が［存在］にスコアされて，Σ【対人】＝1 である。【対物】については，「車（中央）」が［物体］に得点化され，Σ【対物】＝1 である。したがって，Σ【対人】：Σ【対物】＝1：1 である。人称・非人称的世界への関心は大学生全体のΣ【対人】：Σ【対物】の平均［1.73（SD 1.22）：1.81（SD 1.05）］からみると少ない。

様式面のΣ【表出】カテゴリーは，画面右下の「下半身の男性」が［重ね貼

5-4 大学生のコラージュ解釈実際例 81

図5-10 男子大学生Cの「ジャスト」

り］と［くりぬき］にスコアできるのでΣ【表出】＝2である。更に，同じ「下半身の男性」が［分割］に，また1枚の広告を用いたことから［べた貼り］に，広告文字があることから［文字挿入］に得点がついたので，Σ【葛藤】＝3となる。その結果，体験型（Σ【表出】：Σ【葛藤】：Σ【後退】）は2：3：0である。新奇場面に立ち向かっていこうとはする。しかし，自己表出したい欲求と，決断回避のはざまで揺れている。何らかの傷つき体験か，今葛藤状況にあるのか，不適応傾向が強い。

〈質的分析〉　光り輝く「新車」は誇大自己を表しているかもしれない。一方，衣服と靴を着けた下半身だけの人間は，全体的な自己を見ることができない状況を推測させる。

〈統合的解釈〉　外の世界に向かって走りだす勢いがある反面，傷ついた自己は安全なウチに向かおうとし，拮抗的傾向があるのかもしれない。タイトルの「ジャスト」は何を指しているのか，共感するのが難しく，青年期のひとりよがりの傷つきやすさを感じさせる。

＊例3　D　20代前半　女性　タイトル「みなぎるエネルギー」（図5-11）

タイトルは「みなぎるエネルギー」（図5-11）とつけられた。内容面の【対人】カテゴリーは，「赤ん坊（左上）」が［子ども］に，多数の「人物」が［存在］に，「馬に乗る警官（左下）」が［主張］に，「ライオンの子（右下）」が［動物］にスコアされて，Σ【対人】＝4となった。【対物】については，「ピザを

図5-11　女子大学生Dの「みなぎるエネルギー」

食べる男性（中央下）」が［食物］に，「ぬいぐるみ（中央左）」が［物体］に，「議事堂風景（左下）」が［風景］に，「ハート型（上下隅）」が［抽象］に得点がつき，Σ【対物】=4である。その結果，Σ【対人】：Σ【対物】=4：4である。大学生全体のΣ【対人】：Σ【対物】の平均［1.73（SD 1.22）：1.81（SD 1.05）］と比較しても，多方面への関心を持ち，対人関係においても多様な在り方ができることが予測される。

　様式面のΣ【表出】カテゴリーは，30枚以上の切片使用数なので［切片30］に，人物の上に「ハート型」が重ねて貼られているので［重ね貼り］に，「口」や「女の子」がくりぬかれているので［くりぬき］に，ハート型が作られているので［創出］に，それぞれスコアされて，Σ【表出】=4である。【葛藤】については，「目」や「口」は顔の一部なので［分割］に得点がつき，Σ【葛藤】=1である。【後退】に相当する表現はなかったので，Σ【後退】=0である。その結果，Σ【表出】：Σ【葛藤】：Σ【後退】=4：1：0となった。

　これら量的分析をまとめると，Dはさまざまな方法で表現し，積極的で，タイトル通りエネルギッシュである。［分割］表現があるのは，何らかの傷つきか部分対象への固着があるかもしれないが，【葛藤】指数が1は，大学生の平均値が0.76であることを考え合わせると，不適応が表面化しているとは言い難い。むしろ，あふれる思いが噴出している。［子ども］［主張］［動物］［食物］という，幼児性，自己顕示欲求，本能，口唇欲求という欲動を表出するかと思うと，［風景］［抽象］の知性化，洗練さを求めるなど，少々拡散傾向を感じさ

せる。

〈質的分析〉　乳児から高齢者までさまざまな世代の男女を登場させた。「食べ物で顔を汚す乳児」「ぬいぐるみを持つ少女」「少数民族の女性」「女性警察官」など，いろいろな女性の姿である。とりわけ，「正面を見据える若い女性」と「肩の力を抜いた横顔の女性」という対照的な２態や，「黒い服をまとった考える高年男性」と「白いシャツを着てピザをほおばる楽天的な高年男性」のような両極的な姿など，全く別の視点を同時に持つことができる。さらに，「目」と「口」の切り抜きや「子ヒョウの舌を出したじゃれ合い」などは，口唇期的欲求の受容と客観化などを思わせる表現である。そして，いろいろな思いを繋ぐかのように，ハート型の切り抜きが散らばり楽しさもある。

〈統合的解釈〉　明確なペルソナはまだ持っていないのかもしれない。幼児性から円熟した思慮深さまで，さまざまな自分の側面を見つめようとしている。青年期の「アイデンティティの拡散」（Erikson, 1959）を思わせるが，不適応を起こしているというより，そういう時を楽しんでいるようなゆとりとエネルギーを感じさせる女性である。

＊例４　Ｅ　20代前半　男性　タイトル「無題」（図 5-12）

図 5-12　男子大学生Ｅの「無題」

内容面の【対人】カテゴリーについては，多くの「男性の顔」が［存在］に，「ダンスする人（左下，右上下）」が［主張］にスコアされるので，Σ【対人】＝2である。【対物】に相当する表現は無いので，Σ【対物】＝0である。したがって，Σ【対人】：Σ【対物】＝2：0となる。対人的関心に偏り，他者からの注目を得たい傾向があるかもしれない。【対物】反応が出現しないのは，あまりに人が気になりすぎて，生産性が落ちてしまった結果かもしれない。

様式面の【表出】カテゴリーは，「ダンスする人」の上に「顔」が重ねて貼られているため［重ね貼り］に，多数の「顔」がくりぬかれているため［くりぬき］に，それぞれスコアされるためにΣ【表出】＝2である。【葛藤】については，「顔」が身体から切断されているので［分割］がスコアされて，Σ【葛藤】＝1である。【後退】については，相当する表現がなかったので，Σ【後退】＝0である。その結果，体験型（Σ【表出】：Σ【葛藤】：Σ【後退】）は2：1：0となる。アイデンティティをめぐる問題のために，時に不適応状態を生じさせる可能性もあるが，現実場面から撤退するのではない。むしろ自己表現度は高い。

〈質的分析〉　まず，画面のあちこちに貼られた多くの男性の顔が特徴的である。しかもよく見ると，ダンスをしている女性の体に，頭部だけを挿げ替えた「キメラ人間」である。思春期のコラージュに多く生じるとされる現象が出現しており，自らの性を受け入れ同一化していく思春期の課題をまだ通過していないことを予想させる。

〈その他の情報〉　　人懐こい印象を与える

〈統合的解釈〉　　異性とのかかわりを通じて，自分自身の性的同一性獲得の課題に専念しているようである。しかし深刻になりすぎず，ふざけや笑いをまじえることで距離化し自己を守ろうとしているとも考えられる。

＊例5　F，20代前半　女性　タイトル「道」（図5-13）

内容カテゴリーは，［存在］と［物体］の下位カテゴリーから成るΣ【対人】：Σ【環境】＝1：1である。特殊な感情は付与されず控え目である。控え目ながら，人称および非人称的世界への関心はあり，偏りはみられない。

様式カテゴリーは，［文字挿入］と［余白大］に得点がつき，Σ【表出】：Σ

図5-13 女子大学生Fの「道」

【葛藤】：Σ【後退】：＝0：1：1である。新奇場面への自己投機をためらい，あとずさりする傾向と，不全感があるため不適応状態を生じやすい傾向がみられる。

〈質的分析〉　「今日は初めての道を歩いてみようね」というキャプションが，左上の空に貼られ，若い女性が視線を砂地に落としながら歩いている。しかし歩み進もうとする右側面は大きな空白であり，いく手はまだイメージできないほど遠い所なのかもしれない。女性の履く簡素なサンダルと対照的に，横に貼られたトウシューズは光輝いており，世間からの注目を浴びたいという願望は少しずつ意識に近づいてきているようにも感じる。サンダルとトウシューズをペルソナ表象としてみると，素朴な少女ペルソナで生きている制作者の現在と，華やかさを取り入れたい志向性がうかがえる。また右上隅では，黒い地に白い鳥篭が浮き立ち，小さな天使が羽根を休めている。精神性優位で，まだ肉体性や現実性を自分のものとしていない聖少女の元型像が登場している。

〈その他の情報〉　授業中は積極的な発言はしないが，指名されるときちんと答えるおとなしい印象の女子学生である。

〈統合的解釈〉　今，新しい道に踏み出したいという意欲が高まってきているが，受身的で引っ込み思案という原型的行動傾向のため戸惑っている。内的

には少女から女性に，外的には未成年から成人への現実的役割行動の変化として，大きな移行の時期であり，そのことについてはかなり意識化されつつある。しかし，どんな世界か具体性をともなわず，一歩を踏み出せない状況のようである。

5-5 考　察

　以上，コラージュ・スコアリングカテゴリーによる量的分析に，質的分析を加えたコラージュ解釈仮説を通して，大学生の特徴を考察したい。

5-5-1　自己愛の傷つきに対する過敏さ
　量的分析の体験型（Σ【表出】：Σ【葛藤】：Σ【後退】）や使用切片数などから，消極的，不適応的な男性と，積極的，活動的な女性という平均像が浮かび上がってきた。一般にスチューデント・アパシーは男性に多いことや下山（1995）の「男子大学生の無気力の研究」の結果とも対応して興味深い。しかし，「現代の大学生は大学生活の様々な領域を部分的に使い分けながら，ある部分では消極的に，ある部分では積極的に学生生活を組み立てている」（下山，1995）と言われるように，コラージュ表現についても男子大学生は消極的で，女子学生は積極的と単純化はできない。例えば，平均的男子大学生は，量的・様式的には消極的であるが，質的・内容的には凝った表現をしている。それは，内なる情動を躁的防衛で表現し，直面回避をする消極的態度とも言えるが，面白くする，遊べる積極的態度でもある。つまり，ブラック・ユーモアや奇をてらった関係づけ，食・性・物質などへの欲望を前面に出すのは積極的表出とも言える。もっとも，［分割］で表現された傷つきや恐れは，無意図的にコラージュに吐露されてしまったのであり，まだ意識化されない発達課題の問題をうかがわせるものではある。とりわけ，「キメラ人間」は，自我心理学的に言えば，身体性をめぐってのアイデンティティ模索や自己内部での分裂の表れとも受け取れ，「女性の体に男性の頭部」の表現は，知性と情動が統合されていない，異性への未熟なエロス表現であるかもしれない。

　一方，女性の積極的・活動的態度は，量的・様式的に言えることであり，内

容は［友好］［子ども］両カテゴリーの値が高いように，率直な依存・親愛欲求を表出する「可愛く未熟な」女性である。つまり，発達状況としては，退行的で消極的なのであり，女子学生の多くは，花，ハート型，乳幼児に象徴される無垢で美しい少女ペルソナを持ち続けている。このように，明らかにジェンダーの違いを感じさせるコラージュ表現ではあるが，内なる衝動性や自己愛の傷つきが混乱したまま表出する男性と，自己愛の傷つきを恐れて少女ペルソナに固執する女性は，共に，自己愛の傷つきへの過敏さを主要テーマとしているのであろう。

5-5-2 個別性

コラージュ解釈仮説にみる平均的な大学生像とは異なる作品も少数ながらあった。実際例として提示したAさんのように，矩形切片を用いた無機的な内容で，情緒性の乏しい，量的にも質的にも自己関与度の少ない男性，その反対に，台紙を拡大して多くの切片を貼り重ね，量的にも質的にも生産性・積極性を示す男性，「崖のぼり」の冒険者ペルソナを示す男性などである。また，心身ともに十分発達を遂げている男性像と女性像が上手に貼られ，成熟した女性ペルソナを表現した女性，エロスを前面に出し性的存在としての女性ペルソナを強調した女性も例外的に（全体の5％）いた。本来，個別性の大きいコラージュを用いて，青年期後期の特徴を概観することの難しさを感じざるをえない。

5-5-3 イニシエーションとしてのコラージュ表現

大学生男女に共通の人物像選択は外国人であった。実際，大学生のコラージュ表現に使用された外国人の割合は84％（明瞭に判断できる人間像77枚のうち，日本人と外国人の両方が登場するコラージュも含めて66枚に外国人が登場）であった。外国人は近年比較的身近な人になったとはいえ，文化的に遠い人，異界の人である。子どもから成人へと移行する境界人としての青年期の学生が，異界の人と内的に遊び，コラージュの世界に取り込むことに，どのような意味が考えられるであろうか？　成人の世界に仲間入りするための，「神殿での異邦人との交わりによる成人へのイニシエーション」（横山，1995）を想起させる。さらに，コラージュの制作過程そのものが，イニシエーションの過

程に対応している。つまり，切り取る，どこに貼るか考える，貼って構成するという一連の作業は，分離・過渡・統合というイニシエーションの過程である。また，「否定と没入」(河合俊雄，2000) がイニシエーションの過程だとするなら，コラージュ素材としての一葉の写真は，まず「その写真」としての存在を否定され，切り離され，制作者に見入られ，新しい世界に投げ入れられる。そして，そこで存在意義が見いだされるのであり，否定と没入が生じている。このように，イニシエーションとしての本質的特徴があるからこそ，コラージュ制作後に，「すっきりした」「自分のしたいことが分かった」などの感想を述べる人がいるのであろう。つまり，意識と無意識の行き来が，コラージュ表現を通してなされ，無意識の意識化が"すっきり"感をもたらしたのであろう。ここに，河合隼雄 (2000) の言う"内的体験としてのイニシエーション"になりうる心理療法としての構造を，コラージュ表現が包含しており，大学生にとってコラージュ制作がひとつのイニシエーション体験になったのではないかと思われる。

5-6 まとめ

大学生124名にコラージュ制作をしてもらい，それぞれの作品についてコラージュ解釈仮説を用いて解釈をした結果から，青年期の特徴を述べた。集計調査のため個々の遂行課程については考察に加えることができなかったが，イメージ表現を解釈するためには作品ができ上がるまでの課程が重要であることを心に留めておきたい。

(本章は，神戸学院大学人文学会誌「人間文化」2012掲載の「大学生のコラージュ表現―コラージュ解釈仮説から見た青年期の特徴」を加筆修正した)。

第 6 章

高齢者のコラージュ表現

6-1 目的

　高齢者臨床におけるコラージュ療法は，その簡便さと容易さのために，さまざまなバリエーションをとって実施されている。それはコラージュを用いた心理療法としてだけでなく，作業療法士による作業療法や看護師によるレクリエーションの一環としてなされていることもある。実施者が心理臨床の専門家でない場合でも，「このコラージュでどういうことが分かるのですか？」などと評価を求められることがある。そんな時，恣意的な解釈にならないためにも，コラージュ解釈仮説を理解のための手立てに使っていただきたい。つまり，コラージュ・スコアリングカテゴリーという客観的な指標に基づいて作品をみていくのであり，ガイドラインとして当仮説を活用すれば，コラージュ療法に不慣れな人でも一通りのコラージュ理解ができるのではないかと考える。本章では，コラージュ・スコアリングカテゴリーを用いて高齢者のコラージュ表現の特徴を検討したい。

6-2 対象・方法

1）対象

　シルバーカレッジ（地域の 60 歳以上の人なら誰でも学べる施設。環境や社会問題の学習と，陶芸や音楽，園芸などの実習がプログラムである）の参加者 33 名，地域福祉センターの高齢者の集い（地域の住民が地域の高齢者を支えるということを趣旨として，週に 2 回集まり，料理や絵画，会話を楽しんでいる），および X 病院附属デイサービス（認知症や鬱病などの精神疾患の診断を受けている人は省いた）の参加者 39 名，合計 72 名（男性 19 名，女性 53 名）で，高齢者全体の平均年齢は 75.7 歳（SD 10.4）である。シルバーカレッジ群の平均年齢は 66.3 歳（SD 4.0，60〜75 歳），地域福祉センターとデイサービス群の平均年齢は 83.6 歳（SD 7.0，67〜98 歳）である。

2）方　法

　シルバーカレッジでは全員がひとつの教室に集い，数名ずつのグループに分かれて実施。話し合いながら制作した後，コメントを求められたので，個別に感想を聞きながらこちらの印象を述べた。地域福祉センターでは，9名の高齢者とスタッフ2名も交えてコラージュ制作し，その後皆でシェアリングをした。X病院附属デイサービスでは，数名ずつテーブルに分かれてコラージュ制作をした。どのグループも同じ教示とほぼ同種類の材料を提供した。B4の大きさの台紙，チラシ状にした和洋の雑誌（オレンジページ，百楽，サライ，ナショナル ジオグラフィック，Homes, Gardens, Parents, Discoveryなど），宣伝ちらし（旅行社，スーパーマーケット，美術館など）を使用した。制作時間は限定しなかったので，20分から1時間にわたり，個人差が大きかった。

6-3　結　果

　制作されたコラージュ作品を，既述のスコアリングカテゴリーの定義に基づきスコア化した。各個人のデータは，男性群と女性群，あるいはシルバーカレッジ群（以後シルバー群）とデイサービス群（以後デイ群）の各下位群に分類され，全体で72名の高齢者群となった。各群におけるカテゴリーの出現頻度，出現率，平均値，標準偏差を求めた。なお，比較群として第4章の一般成人の結果を用いた。

　結果を順に述べていきたい。

1）内容下位カテゴリーの出現頻度および出現率（表6-1と表6-2）

　表6-1に，内容下位カテゴリーについての，高齢者全体と一般成人の値を示した。ここでの【対人】の下位カテゴリーのうち，有意差が示されたのは，［子ども］と［情動］である。［子ども］は，成人では28.3％に出現したが高齢者は11.1％であり，少なかった（$\chi^2_{(1)} = 12.42$, $p < .001$）。また，［情動］は，高齢者では全く出現せず，有意差を示した（直接確率計算法，両側検定 $p = .044$）。一般的な対人関係を示唆する［存在］の出現率は48.6％（72名中35名）であり，ほぼ半数の高齢者にみられるものの，他のカテゴリーは少なく，［友好］

表6-1 高齢者と一般成人の内容下位カテゴリーの出現頻度と出現率

		高齢者全体 ($N=72$)		一般成人 ($N=113$)		検定結果
		出現頻度（人数）	出現率（%）	出現頻度（人数）	出現率（%）	
対人	[友好]	14	19.4	30	26.5	n.s.
	[子ども]	8	11.1	32	28.3	***
	[存在]	35	48.6	66	58.4	n.s.
	[主張]	13	18.1	23	20.4	n.s.
	[情動]	0	0.0	7	6.2	*
	[動物]	17	23.6	53	46.9	n.s.
対物	[敵意]	0	0.0	4	3.5	n.s.
	[食物]	43	59.7	63	55.8	†
	[物体]	65	90.3	95	84.1	**
	[風景]	36	50.0	64	56.6	*
	[抽象]	9	12.5	23	20.4	*

† $p<.10$　* $p<.05$　** $p<.01$　*** $p<.001$

の出現率は19.4%，[主張]の出現率は18.1%，[動物]の出現率は23.6%であったが，一般成人との有意な差は示されなかった。

【対物】の下位カテゴリーの出現率について，一般成人より高齢者が高かったものは，[物体]の90.3%（$\chi^2_{(1)}=9.92, p<.01$）と，[食物]の59.7%（$\chi^2_{(1)}=3.06, p<.10$）であった。一方，一般成人より低い出現率であったのは[風景]の50.0%（$\chi^2_{(1)}=7.26, p<.05$）と，[抽象]の12.5%（$\chi^2_{(1)}=8.28, p<.05$）であった。[敵意]の0%は，成人との有意差にはならなかったが，【対人】の[情動]の値が0と合わせると，激しい感情表出をする人は高齢者には全くみられなかったことに注目したい。

内容下位カテゴリーについての男性群と女性群の出現頻度と出現率を比較するために，χ^2検定を行ったが，有意な差はどのカテゴリーでも示されなかった。

シルバー群とデイ群の出現頻度と出現率を比較すると（表6-2），有意差のみられたカテゴリーは多く，以下に挙げたい。

＊シルバー群の値がデイ群の値よりも高くなったカテゴリー

①対人関係を示唆するスコア【対人】の下位カテゴリーのひとつである[子ども]の出現率はシルバー群が21.2%に対してデイ群は2.6%となり（$\chi^2_{(1)}=6.29, p<.05$），[存在]の出現率は，シルバー群が66.7%に対してデイ群は

表6-2 シルバー群とデイ群の内容下位カテゴリーの出現頻度と出現率

		シルバー群 (N=33)		デイ群 (N=39)		検定結果
		出現頻度（人数）	出現率（%）	出現頻度（人数）	出現率（%）	
対人	[友好]	7	21.2	7	17.9	n.s.
	[子ども]	7	21.2	1	2.6	*
	[存在]	22	66.7	13	33.3	**
	[主張]	6	18.2	7	17.9	n.s.
	[情動]	0	0.0	0	0.0	n.s.
	[動物]	11	33.3	6	15.4	n.s.
対物	[敵意]	0	0.0	0	0.0	n.s.
	[食物]	23	69.7	20	51.3	n.s.
	[物体]	33	100.0	32	82.1	*
	[風景]	17	51.5	19	48.7	n.s.
	[抽象]	8	24.2	1	2.6	**

$^*p<.05$　　$^{**}p<.01$

33.3%であり（$\chi^2_{(1)}=7.95$, $p<.01$），共に有意な差となった。

②非人称的側面を示唆する【対物】の下位カテゴリーは，［物体］の出現率がシルバー群は100%，デイ群が82.1%となり（$\chi^2_{(1)}=6.56$, $p<.05$），［抽象］の出現率も，シルバー群の24.2%に対してデイ群は2.6%であり（$\chi^2_{(1)}=7.68$, $p<.01$），共に有意な差となった。

2) 様式下位カテゴリーの出現頻度および出現率（表6-3と表6-4）

表6-3に様式下位カテゴリーについての，高齢者全体と一般成人の出現頻度と出現率を示した。2群に有意差が示され高齢者の方が低かったのは［切片30］の0%（一般成人は11.5%）（直接確率計算法，両側検定，$p=.002$），［重ね貼り］の34.7%（一般成人は79.6%）（$\chi^2_{(1)}=20.12$, $p<.001$），［はみだし］の1.4%（一般成人は14.2%）（$\chi^2_{(1)}=5.68$, $p<.05$）であった。30枚以上の切片を用いる人は皆無で，重ね貼りやはみだし率も高齢者の方が低かったのである。一方，［矩形］の出現率は高齢者が20.8%，一般成人6.2%で高齢者の値が高かった（$\chi^2_{(1)}=6.67$, $p<.05$）。また，「切って貼って」という教示を無視したような［べた貼り］の貼り方は皆無であった。

様式下位カテゴリーについての，男性群と女性群の出現頻度と出現率を比較すると，［分割］の出現率について，男性が15.8%で，女性が3.8%であり

($\chi^2_{(1)} = 3.13$, $p<.10$),［文字挿入］の出現率が，男性73.7％で女性28.3％であり（$\chi^2_{(1)} = 11.98$, $p<.01$），共に有意な差が示されたが，他のカテゴリーについては有意な差は示されなかった。

シルバー群とデイ群の出現頻度と出現率を比較すると（表6-4），［創出］のシルバー群の出現率は21.2％で，デイ群は全く出現せず，有意差が示された（直接確率計算法，両側検定，$p=.003$）。［余白大］のデイ群の出現率は17.9％

表6-3　高齢者と一般成人の様式下位カテゴリーの出現頻度と出現率

		高齢者（N=72）		一般成人（N=113）		検定結果
		出現頻度（人数）	出現率（％）	出現頻度（人数）	出現率（％）	
表出	［切片30］	0	0.0	13	11.5	**
	［重ね貼り］	25	34.7	90	79.6	***
	［くりぬき］	40	55.6	77	68.1	n.s.
	［創出］	7	9.7	24	21.2	n.s.
葛藤	［べた貼り］	0	0.0	1	0.9	†
	［分割］	5	6.9	11	9.7	†
	［はみだし］	1	1.4	16	14.2	*
	［文字挿入］	29	40.3	42	37.2	n.s.
後退	［余白大］	8	11.1	9	8.0	n.s.
	［矩形］	15	20.8	7	6.2	*

† $p<.10$　* $p<.05$　** $p<.01$　*** $p<.001$

表6-4　シルバー群とデイ群の様式下位カテゴリーの出現頻度と出現率

		シルバー群（N=33）		デイ群（N=39）		検定結果
		出現頻度（人数）	出現率（％）	出現頻度（人数）	出現率（％）	
表出	［切片30］	0	0.0	0	0.0	n.s.
	［重ね貼り］	15	45.5	10	25.6	n.s.
	［くりぬき］	20	60.6	20	51.3	n.s.
	［創出］	7	21.2	0	0.0	**
葛藤	［べた貼り］	0	0.0	0	0.0	n.s.
	［分割］	4	12.1	1	2.6	n.s.
	［はみだし］	1	3.0	0	0.0	n.s.
	［文字挿入］	7	21.2	22	56.4	n.s.
後退	［余白大］	1	3.0	7	17.9	*
	［矩形］	0	0.0	15	38.5	***

* $p<.05$　** $p<.01$　*** $p<.001$

で，シルバー群は3.0％であり，有意な差が示された（$\chi^2_{(1)} = 4.03$, $p<.05$）。また，［矩形］の出現率は，デイ群が38.5％で，シルバー群は0％であり，有意な差が示された（直接確率計算法，両側検定，$p = .000$）。

3）内容カテゴリーの平均値（表6-5）

高齢者の内容カテゴリーは，Σ【対人】：Σ【対物】＝1.21：2.13であり，【対物】に偏っている。内容カテゴリーを要因とする分散分析を行ったところ，主効果が有意であった［$F(1, 83)$ 7.33, $p<.001$］。つまり，高齢者においては【対人】の値が少なく，【対物】の値が高いことが示されたのである。

さらに，高齢者全体と一般成人，および高齢者男女，についての平均値を比較すると（表6-5)，【対人】カテゴリーは一般成人のΣ【対人】は1.87であり，高齢者は少なく，有意な差となった［$F(1, 183) = 12.44$, $p<.01$］。

男性群と女性群を比較したが，有意差は示されなかった。

シルバー群とデイ群の内容カテゴリーの平均値を比較すると（表6-6)，【対人】カテゴリーについては，シルバー群の平均値が1.61で，デイ群は0.87であり，有意な差が示された［$t(70) = 2.94$, $p<.01$］。【対物】カテゴリーの平均値についても，シルバー群の平均値が2.45で，デイ群が1.85となり，有意な差が示された［$t(70) = 3.62$, $p<.01$］。

表6-5 高齢者全体，成人，高齢者男女の内容カテゴリーの平均値

		高齢者 (N=72)	成人 (N=113)	検定結果 (高・成人)	高齢者男性 (N=19)	高齢者女性 (N=53)	検定結果 (男女)
Σ【対人】	平均(SD)	1.21 (1.11)	1.87 (1.31)	**	1.63 (1.46)	1.06 (0.93)	n.s.
Σ【対物】	平均(SD)	2.13 (0.77)	2.20 (1.00)	n.s.	2.16 (0.83)	2.11 (0.75)	n.s.

** $p<.01$

表6-6 シルバー群とデイ群の内容カテゴリーの平均値

		シルバー群 (N=33)	デイ群 (N=39)	検定結果
Σ【対人】	平均 (SD)	1.61 (1.22)	0.87 (0.89)	**
Σ【対物】	平均 (SD)	2.45 (0.71)	1.85 (0.71)	**

** $p<.01$

4）様式カテゴリーの平均値（表 6-7 と表 6-8）

様式カテゴリーの平均値の比を体験型と仮定したが，高齢者の体験型は，1.0：0.49：0.32 であった。一般成人の値 1.81：0.62：0.14 と多重比較すると，高齢者では，Σ【表出】＞Σ【葛藤】≒Σ【後退】の形をとり $[F(2,366)=7.04, p<.01]$，一般成人ではΣ【表出】＞Σ【葛藤】＞Σ【後退】の形をとることが明らかとなった $[F(2,366)=101.39, p<.001]$。

さらに，高齢者と一般成人を比較するために多変量分散分析をすると，Σ【表出】については，一般成人の平均は 1.81 で，高齢者は 1.0 であり，有意な差がみられた $[F(2,366)=35.33, p<.001]$。Σ【葛藤】については，一般成人の平均は 0.62 で，高齢者は 0.49 であり，有意な差はみられなかった。Σ【後退】については，一般成人の平均値は 0.14 で，高齢者は 0.32 であり，有意な差がみられた $[F(1,188)=7.19, p<.01]$。つまり，高齢者は成人より【表出】が少なく，【後退】が多かったのである。

男性群と女性群を比較すると，Σ【葛藤】カテゴリーで差がみられ，男性の平均値が 0.89，女性の平均値が 0.34 となり，男性の方が女性より【葛藤】傾向が有意に大きいことが示された $[F(1,70)=15.33, p<.001]$。

シルバー群とデイ群の様式カテゴリーの平均値を比較するために多変量分散分析をすると，Σ【表出】とΣ【後退】カテゴリーで有意な差を示した（表 6-8）。つまり，Σ【表出】カテゴリーの平均値は，シルバー群 1.27，デイ群 0.77 で，有意な差 $[F(1,70)=8.04, p<0.01]$ であり，Σ【後退】カテゴリーの平均値は，デイ群 0.56，シルバー群 0.03 で，有意な差 $[F(1,70)=24.49, p$

表 6-7　高齢者全体，一般成人，高齢者男女の様式カテゴリーの平均値

		高齢者 ($N=72$)	成人 ($N=113$)	検定結果 (高・成人)	男性 ($N=19$)	女性 ($N=53$)	検定結果 (男女)
Σ【表出】	平均 (SD)	1.00 (0.79)	1.81 (0.96)	***	1.16 (0.37)	0.94 (0.77)	n.s.
Σ【葛藤】	平均 (SD)	0.49 (0.58)	0.62 (0.72)	n.s.	0.89 (0.57)	0.34 (0.52)	***
Σ【後退】	平均 (SD)	0.32 (0.53)	0.14 (0.37)	**	0.37 (0.60)	0.30 (0.50)	n.s.

$**p<.01$　　$***p<.001$

表 6-8　シルバー群とデイ群の様式カテゴリーの平均値

		シルバー群 (N=33)	デイ群 (N=39)	検定結果
Σ【表出】	平均 (SD)	1.27 (0.80)	0.77 (0.71)	＊＊
Σ【葛藤】	平均 (SD)	0.36 (0.60)	0.59 (0.55)	n.s.
Σ【後退】	平均 (SD)	0.03 (0.17)	0.56 (0.60)	＊＊＊

＊＊ $p<.01$　　＊＊＊ $p<.001$

<0.001］を示した。シルバー群は表出傾向が高く，後退傾向が低い。一方，デイ群は表出傾向が低く，後退傾向が高い結果となった。

5）切片数と余白率の平均値（表6-9と表6-10）

切片数と余白率の平均値について，男性群と女性群の t 検定による比較をしたが，有意な差はみられなかった（表6-9）。

シルバー群とデイ群についても t 検定による比較をしたが，有意な差は示されなかった（表6-10）。

表 6-9　高齢者の切片数と余白率の平均値（全体と男女）

	全体 (N=72)	男性 (N=19)	女性 (N=53)	検定結果 (男女)
	平均 (SD)	平均 (SD)	平均 (SD)	
切片数 (枚)	8.94 (5.18)	8.89 (5.08)	8.96 (5.27)	n.s.
余白率 (%)	27.86 (37.48)	29.05 (22.62)	27.43 (14.90)	n.s.

表 6-10　シルバー群とデイ群の切片数と余白率の平均値

	シルバー群 (N=33)		デイ群 (N=39)		検定結果
	平均	SD	平均	SD	
切片数 (枚)	10.49	5.46	7.64	4.61	n.s.
余白率 (%)	25.33	13.75	30.0	18.57	n.s.

6-4　高齢者のコラージュ解釈実際例

＊例1　P　90代　女性　タイトル「座敷からの眺め」（図6-1）

図6-1　90代女性・Pの「座敷からの眺め」

　内容面については，【対人】は全く出現していない。【対物】については，「ふすま（右下）」が［物体］に，「川の流れる風景（右上）」が［風景］にスコアされ，Σ【対人】：Σ【対物】＝0：2である。高齢者群のΣ【対人】：Σ【対物】の平均値は1.21（SD 1.11）：2.13（SD 0.77）であることを考えると，対人志向性は多くはない。非人称的世界に対しては，数値的には平均クラスであるが，生々しいかかわりはなく，［風景］という距離化した在り方がうかがえる。選択された景色には川が流れ，川沿いには桜が満開であり，静謐な中にもエネルギーを感じさせる。

　様式面については，【表出】の［重ね貼り］が「風景」のわずかな重なりに対して得点をつけ，【葛藤】や【後退】に相当する表現の仕方はなかった。その結果，体験型（Σ【表出】：Σ【葛藤】：Σ【後退】）は1：0：0である。高齢者群の平均値が1.00（SD 0.79）：0.49（SD 0.58）：0.32（SD 0.53）を参照すると，控えめながら，ほどほどの自己表出がみられ，後退や不適応傾向はない。タイトル通り，世界を，そして自分の人生を静かに眺めている感じのコラージュ表現である。

＊例2　Q　70代　男性　タイトル「誕生，享楽，死」（図6-2）

図6-2　70代男性・Qの「誕生，享楽，死」

　内容面の【対人】については，「車のふたり（中央上）」が［友好］に，「赤ん坊（中央下）」が［子ども］に，「女性の臀部（左下）」や「観光船の人々（左上）」が［存在］に，「男性コーラス（中央上）」が［主張］に，「類人猿（左下）」が［動物］に，それぞれスコアされた。その結果，Σ【対人】＝5である。【対物】については，「皿料理（右下）」が［食物］に，「かばん（中央）」や「靴（中央）」「ソファー（右中央）」が［物体］に，「湖上の船（左上）」が［風景］にスコアされ，Σ【対物】＝3となった。したがって，Σ【対人】：Σ【対物】＝5：3である。高齢者群の平均値1.21（SD 1.11）：2.13（SD 0.77）を考えると，興味関心の範囲は広く，対人関係の在り方も多様なことが推測される。「類人猿」「赤ん坊」「骸骨」などは，人の進化や人の一生を暗示する内容である。［主張］［食物］などで示される顕示欲，食欲など，さまざまな欲望も提示されている。これまでの体験や興味などが心を駆けめぐっているのであろうか。

　様式面の【表出】については，多くの箇所で重なって貼られているため［重ね貼り］が，「骸骨」がくりぬかれているため［くりぬき］が，それぞれ得点になりΣ【表出】＝2である。【葛藤】については，「女性の臀部」が途中で切り離されているため［分割］がスコアされるためΣ【葛藤】＝1である。【後退】に当たる表現様式はみられなかった。その結果，体験型（Σ【表出】：Σ【葛藤】：Σ【後退】）は2：1：0である。高齢者群の平均値が1.00（SD 0.79）：0.49（SD 0.58）：0.32（SD 0.53）であることを考えると，何らかの葛藤を抱

えているが（［分割］の高齢者での出現率は6.9%であることから傷つき傾向を仮定しても良いかもしれない），事態から後退しないで，自己表出し，活動性も高いことが推測される。

*例3　R　90代　女性　タイトル「無題」（図6-3）

図6-3　90代女性・Rの「無題」

内容面の【対人】カテゴリーについては，「女性」が［存在］に，「鶴（右中央）」が［動物］にスコアされるため，Σ【対人】＝2である。【対物】については，「竹（右下）」や「松（右下）」が［物体］に得点がつき，Σ【対物】＝1である。その結果，Σ【対人】：Σ【対物】＝2：1である。高齢者群の平均値1.21（SD 1.11）：2.13（SD 0.77）を考えると，Rは物への関心よりも人間への関心の方が強いことが予測される。とりわけ，「大きな女性」で示された［存在］は，しっかりした自意識を感じさせる。

様式面の【表出】カテゴリーについては，「女性」が［くりぬき］にスコアされるのでΣ【表出】＝1である。【葛藤】については，「女性の頭部」がわずかにはみだしているので［はみだし］に，数字と宣伝文があるので［文字挿入］にスコアできるため，Σ【葛藤】＝2である。【後退】については，余白部分が画面の3分の1以上あるため［余白大］に得点がつき，Σ【後退】＝1である。したがって，体験型（Σ【表出】：Σ【葛藤】：Σ【後退】）は1：2：1である。高齢者群の平均値は1.00（SD 0.79）：0.49（SD 0.58）：0.32（SD 0.53）であり，【葛藤】の値が平均より高いが，得点化された［はみだし］の程度はごくわず

かであり，［文字挿入］も切り忘れた様子である。【後退】の得点となった［余白大］は，与えられた場を存分に生かしきるだけのエネルギーが少なくなったと言えるかもしれない。しかし，［くりぬき］という強い自己主張表現ができること，また，［物体］の「松」「竹」「梅」や［動物］の「鶴」は寿ぎの象徴でもあり，現在の自分を快く受け入れていることを評価したい。

＊例4　S　70代　女性　タイトル「夏・お盆」（図6-4）

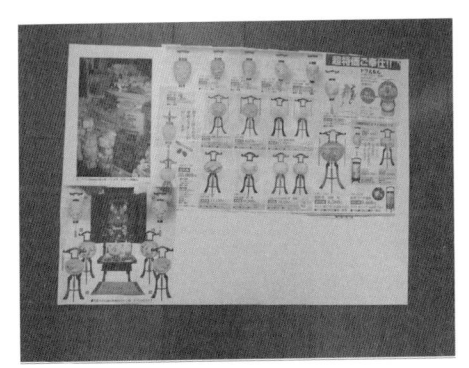

図6-4　70代女性・Sの「夏・お盆」

　内容面の【対人】については，相当する表現はなかった。【対物】は，「供え物の果物（左上）」が［食物］に，「盆提灯」や「仏壇（左下）」が［物体］にスコアされ，Σ【対物】＝2である。その結果，Σ【対人】：Σ【対物】＝0：2であり，対人志向性は少ない。

　様式面の【表出】カテゴリーは，「盆提灯」のわずかな重なりがあるため［重ね貼り］がスコアされて，Σ【表出】＝1である。【葛藤】については，上部にわずかなはみだしがあるため［はみだし］と，宣伝文があるため［文字挿入］がスコアできて，Σ【葛藤】＝2である。【後退】については，右下の空白が不自然なので［余白大］に，すべての切片が矩形なので［矩形］に得点がつき，Σ【後退】＝2となった。したがって，体験型（Σ【表出】：Σ【葛藤】：Σ【後退】）は1：2：2である。高齢者群の平均値1.00（SD 0.79）：0.49（SD 0.58）：0.32（SD 0.53）と比べると，後退傾向が強く，受け身的であることが

予想される。【表出】カテゴリーは［重ね貼り］がひとつあるものの，意図して重ねたものでなく，端がたまたま重なってしまったという無頓着さの表れのように見える。画面中央の「盆提灯」の宣伝チラシは，［べた貼り］に得点しても良いぐらいのチラシの大部分を使っている。これは，Sさんにとってひとつの盆提灯が問題なのではなく，むしろ盆提灯という物に関心が向いていることをうかがわせる。しかも，「仏壇」や「供え物」と合わせて考えると，まさにお盆の用意が気になっていると思われる。コラージュ制作が7月になされたという現実の時期的なことと，死後の世界への志向性とが一致したイメージの外在化と考えられるかもしれない。

6-5 考　察

　以上，コラージュ・スコアリングカテゴリーからみた高齢者をまとめると全体に自己表出しようとする傾向はあまり強くない。とりわけ，激しい感情表出は皆無であった。切片数が少ないにもかかわらず，［余白大］が少ないことから，細かい作業はあまりせず，大雑把な認知や事態へのかかわり方か，あるいは大きな切片（ひとつの事象）に思いのすべてをこめる在り方がうかがえた。また，コラージュ制作というイメージを表出し構成する作業に，言葉や概念の助けを借りる傾向を示す人が多かった。

　もっとも，［文字挿入］の含まれるコラージュ作品を細かくみてみると，言葉でメッセージを伝えるというよりも，文字を切り残した場合もあり，単に雑な作業の結果の人もいる。個別のコラージュ制作の場なら，意図を制作者に確かめることもできるが，集団では不明なままのこともある。［文字挿入］は得点化するのに問題を残すカテゴリーであることが高齢者のコラージュ制作で明らかとなった。

　また，男性は【葛藤】の値が高く，不適応感の強さがみられたが，内的問題としてだけでなく，コラージュ制作場面という現実の場に対する反応とも言える。つまり，面識ある他者とのグループで実施したため，私的課題であると同時に公的課題の意味を持つことになった。したがって，コラージュ作品には，個人の問題だけでなく，制作の場自体も投映されるのである。この傾向は，コ

ラージュ制作の協力者数そのものにも反映している。つまり，シルバーカレッジ，地域福祉センターおよびX病院附属デイサービスの3カ所において，制作協力をお願いしたのであるが，関心を持って参加したのは，圧倒的に女性の方が多かった。新しい経験にあまりためらわず参加しようとする適応的な女性と，自分を表出する場を避けようとする男性とも言えるであろう。そう考えると，男性の不適応感の強さは，対他関係における自己表出をためらうことを表しており，高齢者施設で男性は孤立していることが多いという一般的傾向と一致する。

　この不適応感以外は男女差よりも，シルバー群かデイ群かによる違いの方が大きかった。シルバー群の方が積極的で，多様な対処の仕方である。両群の平均年齢の差は大きく，身体の自由度も異なることが反映されているのかもしれない。また，デイサービスを受けるという受け身的姿勢であることと，シルバーカレッジで学ぶという積極的姿勢の違いが，同じ高齢者でもかなり異なったコラージュ表現を生みだしたのかもしれない。実際，［創出］はデイ群では全く出現しなかった。［創出］はオリジナル・フォトのイメージをそのまま使うのでなく，自分なりの独自な発想に基づいて切り絵をするものである。したがって，新しいものを生みだす［創出］には状況への積極的な態度が要求される。シルバーカレッジで学ぼうとする高齢者には，積極的姿勢がある。見方を変えれば，積極性のある人がシルバーカレッジに参加していると言えるのであろう。そういう意味においては，現実生活をコラージュ表現はかなり反映し，外面自己（現実に対処する自分）がコラージュには投影されるという本書の仮説を実証したと考えられる。

　また，【対人】カテゴリーの値がシルバー群に高く，その中の特殊な感情を含まない［存在］が多いことは，ごく一般的な対人関係の維持を示唆するものであろう。しかし同時に，シルバー群では［子ども］を認知し許容していることが興味深い。「甘えの構造」（土居，1985）で成り立っている日本では，自分の中の依存性を許容することと積極的態度は矛盾しない。むしろ依存し合う関係は適応的生活に必要であり，とりわけ，高齢者においては上手に依存することは必要なことである。シルバー群では自分の中の依存性を上手に用いて，積極的な生活をしているのかもしれない。

最後に，一般成人群や大学生群にはみられなかった高齢者の特徴を述べたい。高齢者のコラージュを収集する過程でさまざまなことに気づかされたが，そのひとつは，コラージュ制作者が作りながら思い出をたどっていることであった。90歳代の男性は，小樽の裏通りの写真を貼り，若い頃単身赴任で居た小樽のことを話した。「よく飲みに通った昔の話」と懐かしそうであった。ここには，コラージュが回想法[13]の場になることが示唆されている。回想法では，過去の調度品でしつらえた回想室がセラピーの場になることがあり，筆者が実習を行ったイギリスのデイホスピタルでは，1930～50年代の写真や当時流行したと思われる衣服がぶら下げられた回想室が，有効に用いられていた。構造の明確なセラピーだけでなく，認知症の高齢者がひとり，揺り椅子でうたたねしている姿を，半開きの扉から見かけることもあった。このように，「抱える環境」（Winnicott, D. W., 1971b）としての物理的な回想室と等価の役割を，コラージュは果たすように考えられる。回想をする高齢者がどのような体験様式を持っているのかは，コラージュ解釈仮説の体験型で推測され，どのようなことに関心が向いているかは内容カテゴリーが役立つ。全体としては，高齢者のコラージュ制作様式は単純で後退的であっても，内容的には実存的，宗教的，懐古的な意味合いを含む表現が特徴的であるように思われた。

---

[13] 主として高齢者への心理療法として用いられる。クライエントが自分の歴史や思い出をセラピストに語り受容されることによって情緒の安定がもたらされる。

第 **7** 章

さまざまな臨床事例のコラージュ査定

第7章 さまざまな臨床事例のコラージュ査定

本章では心理療法場面で制作されたコラージュ作品に対してコラージュ解釈仮説を適用し，その仮説がどの程度まで妥当性があるのかを示すことにしたい。ここでは3事例を挙げておきたい。カテゴリーの分類法については，すでに第3章で詳説したので，ここでは簡潔に説明して事例に入っていきたい。

スコアリングカテゴリーは内容と様式から成立する。内容面は，人物が登場するか否かで，大きく【対人】カテゴリーと【対物】カテゴリーに分かれる。【対人】カテゴリーの具体的な傾向と意味（親愛的で心地良い関係から激しい情動表出まで）を見いだすために，下位カテゴリーとして，［友好］［子ども］［存在］［主張］［情動］［動物］の6つを順番に並べ，これらの仮説的意味について表7-1にまとめた。

なお，この順序はあくまで暫定的なものである。多くの投映法が解釈法の変遷の歴史を持っているように（例えばロールシャッハ法の陰影反応は，開発当時のロールシャッハ自身は想定していなかったが，今では重要な決定因としての位置を占めている。またハンドテストでは，日米の文化の違いで解釈を変えなければならないTEN緊張などのカテゴリーがある），コラージュ解釈仮説は始まったばかりである。当仮説の実践と研究を進めていく中で，修正がなされることは十分ありうると思う。特に，カテゴリーは青年期後期以降を対象として設定された。子どもについては異なった視点が必要かもしれない。実際，筆者は約200名の子どもたちにコラージュを施行する機会を最近持った。そこでは動物が90％以上の子どもたちに出現し，動物にすべての思いを託しているような感さえある。つまり，子どもにおける［動物］カテゴリーは［友好］［子ども］［存在］［主張］［情動］と並列する一カテゴリーではなく，むしろ［友好］［子ども］［存在］［主張］［情動］を表現する主体のような位置づけにすら

表7-1 【対人】カテゴリーの仮説的意味

【対人】対人関係の在り方や対人感情の特徴
1 ［友好］親愛的な心地良い関係
2 ［子ども］大人への依存，未熟だが発達可能性
3 ［存在］中立的な関係
4 ［主張］自己顕示的，主導的関係
5 ［情動］激しい感情表出
6 ［動物］本能，衝動性，または意識化されていない衝動の存在

なってしまう。このように年齢や文化を考慮して解釈法は進化発展していくのだと思う。

同様に，【対物】カテゴリーについても，年齢や文化を考慮しなければならないが，とりあえず衝動や欲動の対象を表す事象から中立的な事象，そして衝動から遠い事象という軸でとらえることができるのではないかという仮説のもとに，［敵意］［食物］［物体］［風景］［抽象］の5つを順に並べた。表7-2に，その仮説的意味を簡略にまとめたので，事例解釈の参考にされたい。

つぎに，制作様式は課題に対する体験の仕方が反映されると考え，大きく【表出】【葛藤】【後退】の3つのカテゴリーが措定された。【表出】カテゴリーは，課題と積極的にかかわり，自己表出する態度や行動傾向を示すと仮定したが，その下位カテゴリーとしては，［切片30］［重ね貼り］［くりぬき］［創出］の4つを当てはめた。【葛藤】カテゴリーは表出したいができない不適応的状況を示すと考え，その下位カテゴリーとしては，［べた貼り］［分割］［はみだ

表7-2 【対物】カテゴリーの仮説的意味

【対物】関心の向けられる対象が持つ欲求や感情についての特徴
1　［敵意］強い攻撃性に関係する衝動
2　［食物］取り込みたい欲求や欲動
3　［物体］中立的な興味や関心
4　［風景］距離感のある感情
5　［抽象］具体的な感情や情緒を洗練した雰囲気

表7-3　様式カテゴリーの仮説的意味

【表出】自分を積極的に出してかかわる態度や行動
1　［切片30］：かかわりたい欲求や生産性の高さ。
2　［重ね貼り］：重層的な考えや気持ち。
3　［くりぬき］：自我の強さや自己主張。
4　［創出］：独創性。
【葛藤】前にも後ろにも行けない葛藤状態
1　［べた貼り］：決断回避。
2　［分割］：部分対象への固着や傷つき。
3　［はみだし］：収まりきらない思い。
4　［文字挿入］：概念や知的側面への依存。
【後退】事態にかかわれないで，後ろに退く態度や行動
1　［余白大］：かかわる領域が少ない。
2　［矩形］：受動性やステレオタイプ。

し］［文字挿入］の４つを仮定した。【後退】カテゴリーは事態にかかわることからの回避や後退傾向とし，その下位カテゴリーとしては，［余白大］［矩形］の２つを当てた。様式カテゴリーの仮説的意味については表7-3に示す。以下に事例を提示して，カテゴリーによるコラージュ解釈の実際を述べたい。

7-1 どもらずにおれない重症強迫神経症の男性

事例J　40代　男性

1）問題点
「どもっても苦しいし，どもらなくても苦しい」

2）経　緯
　高校生の頃，友だちに体臭を指摘されたことを専門学校までひきずった。同時に下腹部痛にも悩まされ，恥ずかしさと痛さで苦しい日々であった。専門学校でも心身のしんどさはあったが，何とか卒業して就職した。職場では孤立して出勤できなくなり，精神科を受診した。抗うつ薬で軽快し，転職を繰り返しながらも仕事を続け結婚もした。まもなくさまざまなことへのこだわりが出てきた。「手足を洗っているとき嫌な人の名前が出てくる，その人のようになるのではないかと不安になる。その名前が消えるまで洗い続ける」「商品のバーコードを通すとき，大声で読まないといけない」などの強迫行動である。また，興奮すると家族に怒鳴ることもあったが，父親に怒鳴るなと言われた頃からどもるようになった。「ノルマのように，どもるチャンスをさがしている」と言う。自分の思うようにどもれないと，もう一度初めからやりなおす。「どもるのは苦しいが，どもって自己主張できる自分を守っている。必要悪。でもとらわれている自分が嫌」と述べる。どもる相手は母親が最も頻繁で，妻と職場の優しい上司が続き，対象は限られている。一般の吃音症では，緊張が高まる時にどもることが多いため，それとは様相が異なっている。

3）生活歴

　小・中学生の頃は，活発な男子であった。しかし，家族の中では，「3歳上の兄のいわれるまま」で，その上，過干渉の母親に圧倒されて，自分の意見を言えなかったことがセラピーの進展と共に語られた。コラージュ療法への導入は，「自分でもなぜどもってしまうのか分からない」という訴えに応えて，言葉では表現し難い思いが出てくる可能性を示唆して試みた。

4）コラージュ解釈
＊コラージュ1　タイトル「無題」（図7-1）

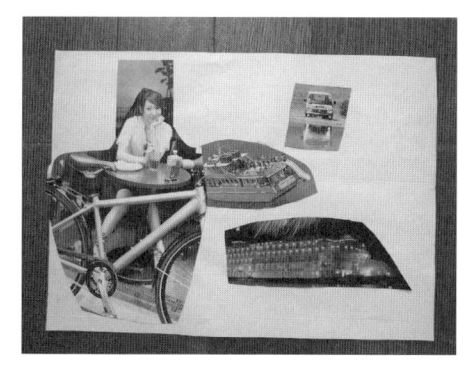

図7-1　重症強迫神経症男性J・第5セッションの「無題」

　面接が始まって5回目のセッションに制作したコラージュが図7-1である。まず内容面をスコアリングすると，【対人】は「女性（左）」と「船に乗っている観光客（中央）」であり，【対物】は「車（右上）」「船」「夕方の海」である。Σ【対人】とΣ【対物】の比をみるためには，それぞれの下位カテゴリーがいくつあるのかが必要である。

　そこでまず，【対人】の要素である「女性」と「観光客」をスコアするのであるが，この女性像は［主張］［情動］のニュアンスをともなっていないため，単に人物が登場したという［存在］とスコアした。［存在］は，一般的な対人関係が持てるという意味を持ち，特別な対人的態度を示すものではない。また，「観光客」も同様にただそこに登場したに過ぎないと判断されるので，これも

［存在］に該当する。切片数は考慮せず，有れば1，無ければ0と得点するため，ここでは［存在］は1の得点がつく。【対人】の要素は他にはないため，【対人】の値はこの［存在］の1だけであり，Σ【対人】＝1である。

　つぎに【対物】もスコアリングしていくと，「車」や「船」は［物体］に，「夕方の海」は［風景］にスコアできる。したがって，Σ【対物】＝1［物体］＋1［風景］＝2となる。その結果，Σ【対人】：Σ【対物】＝1：2である。一般成人男性の平均Σ【対人】：Σ【対物】＝1.94（SD 1.18）：2.00（SD 1.07）と比較すると，一般的な対人的かかわりは多くはないが，対物的関心は平均クラスである。ただし，【対物】の［物体］と［風景］は，衝動や欲動の対象を表す軸からいうと，中立的かあるいは衝動から遠い事象と言える。したがって，内なる衝動には近づいていないことが予測される。これは，支配的な父母への怒りを意識化できずに強迫行動でしか発現できないJのあり様と一致している。

　つぎに様式面をみると，【表出】については，「夕方の海の景色」と「女性」が重なっているため，［重ね貼り］がスコアされΣ【表出】＝1である。【葛藤】については，左側の「自転車」がわずかにはみだしており，［はみだし］がスコアされてΣ【葛藤】＝1である。【後退】については，画面全体の3分の1以上の空白があるので［余白大］がスコアされて，Σ【後退】＝1である。その結果，体験型（Σ【表出】：Σ【葛藤】：Σ【後退】）は1：1：1となる。一般成人男性の平均値Σ【表出】：Σ【葛藤】：Σ【後退】＝1.50（SD 1.0）：0.62（SD 0.75）：0.29（SD 0.50）と比較すると，【表出】は多くはなく，【葛藤】は少なくはない程度であるが，【後退】は高い。とりわけ，【後退】の下位カテゴリーである［余白大］が得点化されたように，空間使用は十分でなく，事態への関与度は低い。

　［重ね貼り］や［はみだし］に得点がついたが，重ね度やはみだし度はわずかであり，大胆さや自由さは感じ取りにくい。むしろ，内容カテゴリーの［物体］の「車」と「船」は共に人を入れ込むコンテイナー（容器[14]）であり，［存

---

14) Bion, W. R. の提唱した母子関係に関する概念のひとつ。乳児は欲求不満や不安などを母親に投げかけるが，それを受け入れていく母親の機能がコンテイナーである。この理論が臨床場面に適用されクライエントの不安を受け入れていくことがセラピストの機能のひとつと考えられる。

在〕カテゴリーの「女性」もまさに存在感を示して微笑んでいることから，Jにとって女性の占める位置は大きく，Jを包み込むものとしての容器や母性に心のエネルギーを吸い取られている感じがする。そのため，社会に向かって効果的に動けないのかもしれない。これは，母親と妻に全面的に依存し，週に数時間のアルバイトで何とか社会と繋がっているJの姿と一致する。

*コラージュ2　タイトル「ゆっくりしてる」（図7-2）

図7-2　重症強迫神経症男性J・第17セッションの「ゆっくりしてる」

コラージュ1が制作されて6ヶ月後，第17セッションの作品。

内容面の【対人】と【対物】については，【対人】は「ピアノに向かう子どもふたり（右）」が，二人以上の仲良い関係を示しているために［友好］とスコアされ，また子どもであるため［子ども］のカテゴリーにもスコアできる。黒白のデッサンの「男性（中央）」や左側の「女性」は，特別のニュアンスを持たない人間なので［存在］にスコアでき，「犬」は［動物］にスコアできる。以上を集計すると，Σ【対人】＝1［友好］＋1［子ども］＋1［存在］＋1［動物］＝4となる。

【対物】については，「イノシシの置物」が［物体］にスコアできる。【対物】は［物体］のみであり，結局Σ【対人】：Σ【対物】＝4：1となった。

内容面についてのコラージュ1とコラージュ2の大きな違いは，Σ【対人】の値が1から4に増えたことであり，一般成人男性の平均1.94（SD 1.18）と比較しても非常に高く，対人表現が多様になったことが分かる。詳しくみると，

［友好］は親しい感情を，［子ども］は依存欲求を，［動物］は本能的存在としての自己，などが表現され，さまざまな対人感情を認知し許容しているあり様を予測させる。

ただし，［存在］にスコアされた画面中央の自己像らしき男性は，「黒白が良かった」とJ自身が言うように，黒白のデッサンであり，横にある自転車も黒い覆いが掛かっている。自転車で走りだすにはまだ準備が整っていないのであろう。もっとも，コラージュ1では「女性」の所有物であるかのような「自転車」であったが，コラージュ2では「男性が扱う物」に変化したのは大きな進展ではあろう。

これは，［存在］というカテゴリーから，更に具体的な内容の検討に入っていくひとつの流れを示した例である。コラージュ解釈仮説では，このように質的分析も加えて完成した解釈になる。本書ではスコアリングカテゴリーに焦点化しているため，質的解釈には多くを割けなかったが，この男性としての成熟の問題こそJの本質を示していると言えよう。

つぎに，様式カテゴリーについてみると，【表出】は［くりぬき］がスコアできる。実際，すべての切片がくりぬかれた。【葛藤】の下位カテゴリーである［べた貼り］［分割］［はみだし］［文字挿入］はどれも出現しなかった。【後退】については，［余白大］（余白が3分の1以上）に得点がついた。その結果，体験型（Σ【表出】：Σ【葛藤】：Σ【後退】）は1：0：1となった。空間使用については［余白大］が依然としてみられて相変わらず消極的であるが，［くりぬき］表現でみられるように，自己主張がはっきりしてきたためか，【葛藤】カテゴリーは出現せず，不適応傾向が消失した。

このように，2枚のコラージュ表現の変化を，コラージュ・スコアリングカテゴリーは的確にとらえたと言えるであろう。つまり，Σ【対人】：Σ【対物】は1：2から4：1に変化した。コラージュ1では［存在］だけしか出現しなかったのが，コラージュ2では［友好］［子ども］［存在］［動物］の4つに増えることで対人関係の在り方や感情の分化を示したのである。また，体験型（Σ【表出】：Σ【葛藤】：Σ【後退】）は1：1：1から1：0：1に変化した。これは，【表出】と【後退】の値は変わらないが【葛藤】が消失したことを示している。身動き取れない不適応状態から脱したことが推測できる。

とりわけ，コラージュ2の「くりぬき」表現は，自分の意思が出てきたことを推測させる。しかし，［余白大］が依然としてあり，まだ自信を持って自己を前面には出せない。［存在］の「男性像」や［子ども］の在り方などからも，成熟した男性として正面を向き，事に当たっていくのはまだ難しいが，歩みだしたい思いはあるように考えられた。このカテゴリーによるコラージュ解釈は，現実生活でのJの姿と一致する。つまり，仕事への態度はあまり変わらず積極的とは言えないが，母親や妻に支配され依存していたJが（アニマに振り回されていたと考えても良いかもしれない），どもらずに自己主張できるようになり，友人関係を持てるようになった変化と一致しており，カテゴリーの妥当性を示したと言えるであろう。更にカテゴリー以外についても，タイトルをつけることができたことや，「女性」の頭部に「帽子」様のものを貼り合わせたことなど，自分なりの心のまとまりやコラージュで遊ぶゆとりができたことも，Jの大きな変化の反映と考えられる。

7-2 解離性全健忘の主婦

事例I　40代　女性

1）問題点
この10年間の記憶が全くない。

2）経　　緯
夫と幼い男児ふたりの4人家族で，正社員として働き，元気であった。セラピー開始の前年春に職場内の配置転換があり，負担が増えた。同時期にPTAと学童保育の役員，地域の世話役も引き受け，忙しさは倍増した。夏頃，仕事にミスが目立ち，不眠傾向が出始め，台所に立つのも怖くなり，秋に心療内科を受診してうつ病と診断されて服薬した。年末には仕事を辞めたので収入が半減したこと，「夫に言いたいことも言えなくなった」ことで，ストレスの内容が変わった。翌春の4月，次男の入学式前夜に意識を失い倒れた。気がついたとき10年前の自分と思った。子どもも認識できず，思い出そうとすると頭痛

や頭のザワザワ感が出る。

3）生活歴

過度の心配性で潔癖な母親に育てられ，「母親には相談できない，自分で解決しなければ」と幼少時よりずっと母親を気遣って生きてきた。ここには家族機能が十分でないアダルト・チルドレン[15]的な育ち方をしていたことが推測される。はじめての結婚生活は，過干渉の義父母との折り合いが悪く，離婚した。その後，現在の夫と再婚した。夫が年下で「頼りない」こともあり，Ⅰが一家の中心となって，経済的にも精神的にもがんばってきた。

4）コラージュ解釈

セラピーが始まり，徐々に記憶を取り戻すようになるが，日常生活での負担が増す中，精一杯がんばって処理しきれなくなると，解離性健忘が生じることを繰り返している。面接場面では言葉を駆使して知的側面が強調されるため，情緒面を表現できるコラージュ療法を導入した。

＊コラージュ１　タイトル「無題」（図7-3）

図7-3　解離性健忘女性Ⅰ・第7セッションの「無題」

---

[15] 元来アルコール依存症の両親あるいは片親をもつ子どもが成人になった場合を指していたが，広く機能不全の家族の子どもとして育った成人を指すようになった。アダルトチルドレンは家族をつなぐ役割を担い，「良い子」を演じてきたため，後にさまざまな生きづらさを感じることになる場合が多い。

内容面の【対人】カテゴリーについては，人物は全く登場しないのでΣ【対人】＝0である。一般成人女性のΣ【対人】の平均値1.80（SD 1.42）を参照すると非常に低く，対人関係に対する抵抗や回避が予測できる。【対物】については，「あじさい（中央）」や「ちゃわん（中央下）」が［物体］に，「海の景色（左下）」や「道路（右上）」が［風景］にスコアされてΣ【対物】＝2となる。非対人状況については一般成人女性の平均値2.38（SD 0.92）に近く，活動性としての問題は見られない。しかし，［物体］と［風景］を選択していることは，自身の欲求や情動から遠い距離に身を置く在り方がうかがえる。しかも，Σ【対人】：Σ【対物】が0：2であることと考え合わせると，非対人状況における活動や関心は十分可能であるが，対人関係を避け，自分自身の情動と向き合うのも避ける傾向を予測させる。この解釈は，活動性が高いために他人からの依頼を断り切れず，対処すべきことがあふれるほどになって解離症状を呈するIの臨床像と一致している。

　様式面については，【表出】に相当する表現はみられずΣ【表出】＝0である。【葛藤】については，「そろそろ輸入車どうだろう」などの宣伝文が入っているので［文字挿入］に得点がつき，Σ【葛藤】＝1である。

　なお，［文字挿入］についてのスコアリングはまだ不確定な側面を残している。キャプションのように明らかに意図的な文字挿入は問題なくスコアできるが，本例のように残された文字をどう扱うかについては難しい。無意識的な選択ということで一応スコアすることにした。Iの「新しい自分を手に入れたい」という願いと一致するようにも筆者には思えた。【後退】に相当する表現はみられず，Σ【後退】＝0である。したがって，体験型（Σ【表出】：Σ【葛藤】：Σ【後退】）＝0：1：0である。一般成人女性の平均値が2.07（SD 0.85）：0.62（SD 0.49）：0.02（SD 0.13）であることを参考にすると，不適応感が少しあるが，その場への対応から後退するのではない。しかし，【表出】の値が0なのは問題であり，自己表出を抑制する何らかの機制が働くと考えられる。

　【葛藤】の存在と【表出】の抑制を生みだす要因としては，2のテーマ（［物体］も［風景］もすべて2個ずつ並んでいる）による内なる二面性を検討することになろう。恐らく「あじさい」や「海の風景」のような静かで知的な側面と，「炎」の激しい情動の側面がうまく折り合えず，「まっすぐな道路」という

一本気で融通の効かなさが更に柔軟な適応を難しくさせていることが考えられる。これはカテゴリーの仮説的意味である，情動からの距離化・知性化を示す［風景］と，概念依存で知的な解決志向傾向の指標である［文字挿入］が存在することと合わせて考えると，より納得がいく。I自身が認めているように，「理にかなっていないことは受け入れ難い」という，現実生活での思考優位の側面と一致し，カテゴリーの妥当性が示されたのではないかと思われる。

7-3 自分だけ違う空間にいると感じる女子高校生

事例G　高校3年生　女性

1）問題点
学校で，めまい，頭痛，たちくらみ，吐き気などの身体症状と，自分だけ違う空間にいるという違和感や圧迫感でいたたまれず，早退や不登校が多い。

2）経　緯
中学生の頃から孤独感を感じていた。高校になり更に友人は少なくなった。3年生の夏頃から「自分が自分でなくなる感じ」が強く，腕に爪を立てて痛いことで確かめようとした。息の詰まった感じ，発作的に泣き出したり，死にたくなるなど不安定で勉強にも手がつけられない。

3）生活歴
年の離れた弟妹がいるため，母親は育児に忙しい。母親に甘えたいが，気を遣う「いい子」である。小・中学校の頃いじめられやすかったが，部活動の役員をすることで，「自分は必要な人」を確かめていた。

4）コラージュ解釈
「なぜ泣いてしまうのか，学校が怖いのかよく分からない」と，自分でも事態をつかみかねている。話題が学校のことに及ぶと，下を向き声も小さくなる。このように，言語でのやりとりは負荷がかかるため，ゆっくりした自己表現を

してもらうために，コラージュ療法を導入した．

*コラージュ1　タイトル「無題」（図7-4）

図7-4　多彩な症状を持つ女子高生G・第3セッションの「無題」

　内容面の【対人】については，「鏡を見ている女性（左下）」が［存在］に，「犬（中央下）」が［動物］にスコアされ，Σ【対人】＝2である．【対物】については，「ケーキ（右下のテーブルの上）」が［食物］に，「ソファー」「イス（中央）」「灯り（中央上）」「カーテン（左上）」などが［物体］に，「家と前庭のある景色（右上）」が［風景］にスコアされてΣ【対物】＝3である．したがって，Σ【対人】：Σ【対物】は2：3となり，一般成人女性の平均1.80（SD 1.42）：2.38（SD 0.92）と比較しても，対人的かかわりや対物的関心は量的には平均以上であり，多すぎるわけでもない．

　様式面の【表出】については，「ソファーとテーブル」の「テーブル」の上に「ケーキ」を重ねていることから［重ね貼り］がスコアされて，Σ【表出】＝1である．【葛藤】については，「犬」のからだが半分，「鏡の前に立つ女性」のからだが半分であることから，［分割］がスコアされ，「ソファーとテーブル」に価格や説明書きがあることから，［文字挿入］に得点がつき，Σ【葛藤】＝2となった．【後退】については，すべての切片が長方形に切られたので［矩形］に得点がつき，Σ【後退】＝1となった．したがって，体験型（Σ【表出】：Σ【葛藤】：Σ【後退】）は1：2：1である．一般成人女性の平均値2.07（SD

0.85）：0.62（*SD* 0.49）：0.02（*SD* 0.13）と比較すると，【表出】が少なく，【葛藤】が非常に高く，【後退】も高いという結果になった。つまり，体験型は不適応的，後退的で，自己実現できていないことがうかがえるのである。

　このように，表出傾向が少ないにもかかわらず内容カテゴリーは広範囲にわたっていることに，Gの独自の意味があるのではないだろうか？　あれこれ気がかりになることはあるが，どう整理して表出して良いか分からないという状態かもしれない。コラージュ表現では，半身だけの「女性」や「犬」が［分割］にスコアされ，何らかの傷つきを予測したが，現実生活での妄想的なまでになる過敏さ，傷つきやすさと一致しているであろう。さらに，「鏡を見ている女性」の背後を気にしていることや，「カーテン」の検討はGの精神病理的な内界に迫るものであるかもしれない。また，Gにとっての肯定的な心の側面は，［動物］をスコアした「犬」にみられるかもしれない。内なる［動物］（本能や衝動）を育てていくことがGの課題なのであり，思春期の難しさの真っただ中にいるGの臨床像を示しており，カテゴリーの妥当性が示されたのだと考えたい。

　以上3つの事例を通して，コラージュ・スコアリングカテゴリーがいかにコラージュ査定に有用かを，実際の解釈過程を示すことにより明らかにした。事例Jにおいては，2枚のコラージュ表現の変化を，コラージュ・スコアリングカテゴリーは的確にとらえた。つまり，Σ【対人】：Σ【対物】が1：2から4：1になり，ひとつのことへのこだわりから多様な対人関係の在り方に変わったことがうかがえた。また，様式カテゴリーの比で示される体験型（Σ【表出】：Σ【葛藤】：Σ【後退】）も1：1：1から1：0：1に変化をし，身動き取れないことを示す【葛藤】が消失した。もっとも，［余白大］は依然としてあり，【後退】傾向は変化しないJの特徴であることも，カテゴリーで明らかとなった。

　事例Ⅰでは，コラージュ表現にみられる解離性障害の在り方や内的世界の説明に，スコアリングカテゴリーが役立つことをみた。つまり，一見無難に事に当たれるのは，Σ【対物】が2で【後退】は出現しないことで示された。一方，Σ【対人】とΣ【表出】は全く出現しないでΣ【葛藤】が1と得点したのは，

人間関係での回避や抑制傾向と共に，何らかの収まりきらない葛藤があることを示唆していた。

　事例Gでは，思春期の女性の，コラージュによる病理性表現をスコアリングカテゴリーが的確にとらえたことをみた。そこでは，内容カテゴリーである【対人】や【対物】の値が平均以上にあっても，体験型（Σ【表出】：Σ【葛藤】：Σ【後退】）との兼ね合いで判断していかねばならないことを示した。

　このように，内容カテゴリーと様式カテゴリーの2元的視点に基づき，カテゴリーをさまざまな角度から組み合わせてみていくことが当スコアリングカテゴリーシステムの有効的活用である。臨床におけるコラージュ解釈は，細かな質的分析やその他の情報も加えて完成するのであるが，その第一歩として，解釈の枠組み作りにカテゴリーが役立つことを示した。

第 8 章

社会恐怖のコラージュ療法

本章ではコラージュ療法の自験例を通して、コラージュ解釈仮説の有用性を検討したい。特に、コラージュ・スコアリングカテゴリーを用いてコラージュ表現の推移をみていくことで、クライエントの変容がより明瞭になることを確かめる。とりわけ、検討する事例は社会恐怖の問題を持っている。つまり、「社会に向けた顔」であるペルソナそのものが主症状であり、質的分析こそ意味があるのかもしれない。しかし本章では、まずスコアリングカテゴリーに焦点化する。単純化の恐れもあるが、カテゴリーを用いることで、コラージュ療法初心者でもコラージュ理解の枠組みを持つことができ、安心してセラピーにとりかかれるというひとつの例として示したい。そして最後に、質的分析も加えて統合的解釈へと導き、当仮説の実際的活用を試みたい。

8-1 事例の概要

W　社会恐怖[16]　20代前半女性　大学2回生（自然科学系学部）

1）主たる問題

大学での実験実習で試験管を持つと手が震える、クラスでの発言時に声が震えるなどを悩んでいる。そのため自分が発表担当の時は怖くて、授業を休みがちである。このことを悩み、学生相談室に来室した。以後、筆者がカウンセリングを担当した。

2）現病歴

小学校の頃より学校で緊張し、帰宅すると偏頭痛があったが、不登校にはならず、むしろ優等生でリーダー的存在を楽しんでいた。中学生の頃、授業中の本読みで声が震えた。その後、克服しようと、何度も自ら手を挙げ、本読みに挑戦したが、いつもうまくいかなかった。高校時代はたまに保健室に避難しながらも、大きな破綻はきたさず、良い成績で卒業した。大学入学後、他学生と接触しないことで、何とか乗り切っていたが、専門課程での授業形態の変化

[16) 本章は、山上（2008）の事例について、カテゴリーを用いて再検討したものであり、骨子は山上（2010b）に示した。

（小グループ中心）にともない，苦痛が増えた．

3）生活歴

家族は，他府県に住む．Wは小さい頃からしっかり者で，ほとんど自分で進路などを決めてきた．

8-2 面接経過

コラージュ表現の査定を中心に面接経過をたどっていきたい．

1）第1期 「大学ではネコを被っている自分」の提示　X年11月〜X＋1年6月（#1〜17）

授業中，実習が怖い．実験道具を持つ手が震える．震えるだろうと思うと，する前から不安に襲われる．他人の前ではいつも震え，見られている緊張感が強く，失敗を恐れる．「プライド高い．簡単にできていたことが今できない．許せない」と，自分に対する要求水準は高い．

自分の弱点を知られたくないWに，言葉のみのアプローチでは知的防衛を強めるか，論理的に自分を追い詰めていって，やっぱりだめな自分に帰着するのではないかと危惧し，非言語的接近のひとつとしてコラージュ制作に誘った．

＊コラージュ1　タイトル「雪原」（図8-1）

内容面の【対人】カテゴリーは「犬（左下）」や「チョウチョ（中央）」「青虫（中央下）」などが［動物］とスコアされて，Σ【対人】＝1である．【対物】については，「ぬいぐるみのゾウ（右下）」が［物体］に，雪景色が［風景］にスコアされて，Σ【対物】＝2である．したがって，Σ【対人】：Σ【対物】＝1：2となった．人よりも物への関心の方が強いWの現実の姿と一致する．

様式面の【表出】については，雪景色を背景にして，「犬」や「チョウチョ」などが重ねて貼られているため［重ね貼り］に，「青虫」がくりぬかれているため［くりぬき］にスコアされて，Σ【表出】＝2である．【葛藤】と【後退】に相当する表現はなかったので，Σ【表出】：Σ【葛藤】：Σ【後退】＝2：0：0

124　第8章　社会恐怖のコラージュ療法

図 8-1　Wのセッション4の「雪原」

となった。現実生活での勉学に対しては積極的なWの姿を示しているかもしれない。

　母親と共に休学届を提出するために来校するが，母親が担当教員に説明し，Wは緊張のため言葉が出なかった。「（教員には緊張するが）ここ（セラピー）では，浮かんでくることを言えばいいから大丈夫」とWは言いながらも，「違う言い方があったのじゃないか」とセラピーの後で後悔し不全感が強い。その頃制作したのがコラージュ2である。

＊コラージュ2　タイトル「無題」（図8-2）

図 8-2　Wのセッション8の「無題」

「広い果てしない大地にキリンが1頭ぽつんといる。ひとりぼっち，楽しくなさそう」と述べた。内容面の【対人】カテゴリーは「キリン」や「虫（左下）」などが［動物］とスコアされて，Σ【対人】＝1である。【対物】については，「岩山の景色」が［風景］にスコアされてΣ【対物】＝1であり，その結果，Σ【対人】：Σ【対物】＝1：1となった。ひとりぼっちのキリンはまさにひとりぼっちのWであった。

様式面の【表出】については，「岩山の風景」に「キリン」や「虫」などが重ねて貼られているため［重ね貼り］に，「キリン」がくりぬかれているため［くりぬき］にスコアされて，Σ【表出】＝2である。【葛藤】については，1枚の風景がそのまま用いられたので［べた貼り］にスコアされてΣ【葛藤】＝1である。【後退】に相当する表現はなかったので，Σ【後退】＝0である。したがって，Σ【表出】：Σ【葛藤】：Σ【後退】＝2：1：0となった。セラピーが始まり，自分の問題に触れ始めた現実状況が【葛藤】の出現となったと思われる。実際，「人はしんどい，特に同年代の人に変な人と思われてないか気になる」と述べ始めた。

＊コラージュ3　タイトル「4つの風景」（図8-3）

図8-3　Wのセッション14の「4つの風景」

内容面の【対人】カテゴリーに相当するものはなく，Σ【対人】＝0である。【対物】については，4枚とも景色（荒野・雪原・岩山・赤い雲）であり，［風

景］にスコアされてΣ【対物】＝1であり，その結果，Σ【対人】：Σ【対物】＝0：1となった。人や学校場面からひきこもっていたいWの状況は，［風景］という距離化のカテゴリーの出現として示されている。

様式面の【表出】に相当する表現はなく，Σ【表出】＝0である。【葛藤】についても相当する表現はなくΣ【葛藤】＝0である。【後退】については，余白が3分の1以上なので［余白大］に，すべての切片が長方形なので［矩形］にスコアされて，Σ【後退】＝2である。したがって，Σ【表出】：Σ【葛藤】：Σ【後退】＝0：0：2となった。休学して身をひそめるWの現実が，【表出】【葛藤】が出現しないで，【後退】のみが際立つスコアリング結果と一致している。また，「やっと相談できるようになった」と，このセラピーを機に少し態度が変わってきた。まず，両親に「ちょっと位休みたい」と，【後退】欲求を述べたのだが，両親のレスポンスはなかった。

2）第2期　休学から復学へ　X＋1年6月〜10月（#18〜23）

接客業のアルバイトで，対人折衝を練習。客層が中高年であること，働いている同僚も同年齢の人がいないこと，「できなかったらすぐ逃げることができる」などのため成功した。大学では「同年代の人と比べてしまうと身構え，辞めるわけにはいかない」ので，状況が異なる。

＊コラージュ4　タイトル「さわやかな家の庭」（図8-4）

内容面の【対人】カテゴリーは「ネコ（中央の「窓」の下）」が［動物］とスコアされて，Σ【対人】＝1である。【対物】については，「家と庭」が［物体］にスコアされてΣ【対物】＝1であり，その結果，Σ【対人】：Σ【対物】＝1：1となった。ここで初めて風景という遠い事象から物体という近いものに距離が近づいてきた。接近しても大丈夫というアルバイトでの体験が反映しているのかもしれない。

様式面の【表出】については，「庭」に「ネコ」が重ねて貼られているため［重ね貼り］に，「ネコ」がくりぬかれているため［くりぬき］にスコアされて，Σ【表出】＝2である。【葛藤】については，1枚の風景がそのまま用いられたので［べた貼り］にスコアされてΣ【葛藤】＝1である。【後退】に相当する表

図 8-4　Wのセッション21の「さわやかな家の庭」

現はなかったので，Σ【後退】＝0である。したがって，Σ【表出】：Σ【葛藤】：Σ【後退】＝2：1：0となった。アルバイトの成功については喜んでいたWだったが，不安は消えることがない状況がこの体験型の値になったとも考えられる。

＊コラージュ5　タイトル「無題」（図8-5）

図 8-5　Wのセッション22の「無題」

「もやっとした感じ，晴れでも，雨でも，曇りでもない」とコラージュの感

想を述べた。内容面の【対人】カテゴリーに相当する表現はなく，Σ【対人】＝0である。【対物】については，全体の「景色」が［風景］にスコアされてΣ【対物】＝1であり，その結果，Σ【対人】：Σ【対物】＝0：1となった。まだ人とは接触したくない思いの反映かもしれない。

　様式面の【表出】については，空の部分と丘の部分が重なっているため［重ね貼り］にスコアされて，Σ【表出】＝1である。【葛藤】については，はみだし部分が少しあるため［はみだし］にスコアされてΣ【葛藤】＝1である。【後退】に相当する表現はなかったので，Σ【後退】＝0である。したがって，Σ【表出】：Σ【葛藤】：Σ【後退】＝1：1：0となった。復学決定の不安な心情が【表出】を少し妨げたようであった。

＊コラージュ6　タイトル「無題」（図8-6）

図8-6　Wのセッション23の「無題」

　内容面の【対人】カテゴリーは「青虫（左右下）」が［動物］とスコアされて，Σ【対人】＝1である。【対物】については，「木立の景色」が［風景］にスコアされてΣ【対物】＝1であり，その結果，Σ【対人】：Σ【対物】＝1：1となった。

　様式面の【表出】については，地面に「青虫」が重ねて貼られているため［重ね貼り］に，「青虫」がくりぬかれているため［くりぬき］にスコアされて，Σ【表出】＝2である。【葛藤】についても【後退】についても相当する表現はなかったので，Σ【葛藤】＝0，Σ【後退】＝0である。したがって，Σ【表出】：

Σ【葛藤】：Σ【後退】＝2：0：0となった。

　コラージュ6は人物部分をカットした新聞の白黒写真を用いて作られた。中央のヤマ型白線は縄跳びロープのヤマの部分。その下で跳んでいる人3人がカットされた。「人はいらない，虫がいいかな。でもちょっと寂しいかな」とWは述べた。自分の感情を関与させない勉学の場面でなら積極的に取り組むが，人とはかかわりたくないWの特徴と一致するコラージュ表現であった。

3）第3期　感情爆発し，少し自由に　X＋1年10月〜X＋2年3月（#24〜30)

　授業前日のセッション。「とうとう始まる。昨日まで普通だったのに，辛い」と言って，涙を流した。「ダメな日はだめ，いい日もある」と自ら述べ，自分の負の部分を少し受け入れた。泣くことを自分に許したWは，親や友人に少しだけ依存するようになった。母親に欠席の連絡を，友人に発表原稿の代読を頼んだ。「今までだったら誰にも言えないで，一人で抱えていた。言えてほっとした」Wである。

＊コラージュ7　タイトル「自由な感じ」（図8-7）

図8-7　Wのセッション26の「**自由な感じ**」

　内容面の【対人】カテゴリーは「ネコ（中央の「花畑」の右）」が，［動物］にスコアされて，Σ【対人】＝1である。【対物】については，「ユリ」が［物体］に，「花畑の景色（中央）」が［風景］にスコアされてΣ【対物】＝2であり，

その結果，Σ【対人】：Σ【対物】＝1：2となった。

様式面の【表出】については，「花畑」の中に「ネコ」が重ねて貼られているため［重ね貼り］に，「ネコ」がくりぬかれているため［くりぬき］にスコアされて，Σ【表出】＝2である。【葛藤】については，はみだし部分が少しあるため［はみだし］にスコアされてΣ【葛藤】＝1である。【後退】に相当する表現はなかったので，Σ【後退】＝0である。したがって，Σ【表出】：Σ【葛藤】：Σ【後退】＝2：1：0となった。［動物］という衝動や本能の表象を［くりぬき］というはっきりした形で自己主張できたことは，大学での実験で震える時，「皆の前で試験管を振るのはいや！」という自分の回避欲求を葛藤しながらも認め，同じ班の友人に代わってもらったという現実の姿と一致するかもしれない。

＊コラージュ8　タイトル「夕日を受けた岩山」（図8-8）

図8-8　Wのセッション28の「夕日を受けた岩山」

内容面の【対人】カテゴリーは「カブトムシ（中央）」が［動物］とスコアされて，Σ【対人】＝1である。【対物】については，「山のある風景」が［風景］にスコアされてΣ【対物】＝1であり，その結果，Σ【対人】：Σ【対物】＝1：1となった。

様式面の【表出】については，背景の景色に「カブトムシ」が重ねて貼られているため［重ね貼り］に，「カブトムシ」がくりぬかれているため［くりぬ

き］にスコアされて，Σ【表出】＝2である。【葛藤】については，1枚の風景がそのまま用いられたので［べた貼り］に，少しはみだしているので［はみだし］にスコアされて，Σ【葛藤】＝2である。【後退】に相当する表現はなかったので，Σ【後退】＝0である。したがって，Σ【表出】：Σ【葛藤】：Σ【後退】＝2：2：0となった。

【表出】も【葛藤】も大きいというスコアリングの結果は，「百点とりたい，でも合格点の60点でもいいか」と，完全欲求と妥協の間で葛藤したり，「気にしやすい自分だが，いつも楽天的な妹を見習う」という異なる態度を同時にみることができるようになった現実のWの姿と一致するかもしれない。

＊コラージュ9　無題（図8-9）

図8-9　Wのセッション29の「無題」

内容面の【対人】カテゴリーは「鳥」が［動物］で，Σ【対人】＝1である。【対物】については，「岩山のある風景」が［風景］にスコアされてΣ【対物】＝1であり，その結果，Σ【対人】：Σ【対物】＝1：1となった。

様式面の【表出】に相当する表現はなく，Σ【表出】＝0である。【葛藤】については，少しはみだしているので［はみだし］にスコアされて，Σ【葛藤】＝1である。【後退】に相当する表現はなかったので，Σ【後退】＝0である。したがって，Σ【表出】：Σ【葛藤】：Σ【後退】＝0：1：0となった。

このころ，「同級生の女性は大人っぽくて，距離がある」と言い，成熟した女性への同一性獲得がまだなされていないことが明らかになったが，これは

【対人】が表現されず，［はみだし］という収まりの悪さを出してしまうコラージュ表現として示されたのかもしれない。

4）第4期 「肩の力が抜けた」 X＋2年4月～X＋3年2月 （#31～45）

自分のしんどさや気がかりをセラピストに打ち明けてきたWは，後期の試験も無事合格し，友だちと旅行に出かけた。生まれて初めての友だちとふたりだけの旅はまさに旅立ちであり，「肩の力が抜けた」と言う。

＊コラージュ10　タイトル「春」（図8-10）

図8-10　Wのセッション31の「春」

内容面の【対人】カテゴリーについては，人物が小さいながらも初めて登場したのが注目すべき点である。つまり，「観光客（中央の「家」の周辺）」が［存在］にスコアされた。また，「小鳥」も［動物］とスコアされて，Σ【対人】＝2である。【対物】については，「春の景色」が［風景］にスコアされてΣ【対物】＝1であり，その結果，Σ【対人】：Σ【対物】＝2：1となった。

様式面の【表出】については，背景の風景に「小鳥」や「蝶」が重ねて貼られているため［重ね貼り］に，「蝶」がくりぬかれているため［くりぬき］にスコアされて，Σ【表出】＝2である。【葛藤】については，1枚の風景がそのまま用いられたので［べた貼り］にスコアされてΣ【葛藤】＝1である。【後退】に相当する表現はなかったので，Σ【後退】＝0である。したがって，Σ【表出】：Σ【葛藤】：Σ【後退】＝2：1：0となった。

［存在］が初めて出現し，［くりぬき］という自己主張をしたコラージュ表現は，友人との旅行（親しい対人関係を初めて持った）や，筆者に投げかけられた「来週のゼミ発表をがんばるから，期待してね」というセラピストへの距離の接近というWの姿を示しているかもしれない。

＊コラージュ 11　タイトル「大きな鳥」（図 8-11）

図 8-11　Wのセッション 34 の「大きな鳥」

内容面の【対人】カテゴリーは「大きな鳥」が［動物］とスコアされて，Σ【対人】＝1 である。【対物】については，「花のある風景」が［風景］にスコアされてΣ【対物】＝1 であり，その結果，Σ【対人】：Σ【対物】＝1：1 となった。

様式面の【表出】については，「花のある風景」に「大きな鳥」が重ねて貼られているため［重ね貼り］に，「大きな鳥」がくりぬかれているため［くりぬき］にスコアされて，Σ【表出】＝2 である。【葛藤】については，少しはみだしているので［はみだし］にスコアされて，Σ【葛藤】＝1 である。【後退】に相当する表現はなかったので，Σ【後退】＝0 である。したがって，Σ【表出】：Σ【葛藤】：Σ【後退】＝2：1：0 となった。

【葛藤】がありながらも【表出】もあるスコアリング結果は，ゼミ発表を，声が震えながらも無事に終えたWの現実と一致しているかもしれない。「できた！」という実感が，「大きな鳥」という自己肥大的な表現にさせたのかもしれない。

＊コラージュ 12　タイトル「無題」（図 8-12）

図 8-12　Wのセッション 37 の「無題」

　内容面の【対人】カテゴリーは「ネコ（右下）」が［動物］とスコアされて，Σ【対人】＝1 である。【対物】については，「花畑のある風景」が［風景］にスコアされて Σ【対物】＝1 であり，その結果，Σ【対人】：Σ【対物】＝1：1 となった。

　様式面の【表出】については，風景の中に「ネコ」が重ねて貼られているため［重ね貼り］に，「ネコ」がくりぬかれているため［くりぬき］にスコアされて，Σ【表出】＝2 である。【葛藤】については，1枚の風景がそのまま用いられたので［べた貼り］にスコアされて，Σ【葛藤】＝1 である。【後退】に相当する表現はなかったので，Σ【後退】＝0 である。したがって，Σ【表出】：Σ【葛藤】：Σ【後退】＝2：1：0 となった。

　【葛藤】がありながらも【表出】傾向の方が強いスコアリング結果はWの現実生活と一致するかもしれない。つまり，授業の発表場面での緊張は大分やわらいできたが，時には緊張することもある。しかし，それも仕方ないかと思えるようになったことである。カリキュラムの都合もあり，不定期のフォローの面接の後，落ち着いた状態で卒業した。

8-3 考　　察

　社会恐怖の苦しさを抱えるWのコラージュは，セラピーが進むにしたがって変化していった。それはまさにWの外的，内的変化を反映するものであった。その変容をスコアリングカテゴリーの推移から明確にしたい。文中に，カテゴリーの定義に基づき，スコアリングした結果を述べたが，明確に分かるように，表にまとめた。

1）内容カテゴリーの推移について

　表8-1にWの内容カテゴリーの推移を示した。この表から，Σ【対人】：Σ【対物】の12回の平均を算出すると，0.92：1.17である。これは女子学生の平均1.79（SD 1.32）：2.03（SD 1.01）と比較すると，出現数は多くはない。興味関心の範囲は狭いようである。

　内容下位カテゴリーについてもかなりの偏りがある。全作品12枚の出現した下位カテゴリーを合計すると，存在1，動物10，物体3，風景11となる。つまり，【対人】反応では［動物］が10/12出現し，【対物】反応では［風景］が11/12出現しているのみで他のカテゴリーはほとんど出現しない。ここでは，女子学生では16.1％にしか出現しない［動物］と［風景］について，Wは高い出現率を示したことが顕著な特徴である。更に，女子学生の50％に出現する［食物］も，同じく43.5％に出現する［子ども］も，全く出現しなかった。

　したがって，［動物］と［風景］のみにこだわっていたWにとって，それ以外のカテゴリーが挿入された時は，何らかの心の変化があったと予測することも可能であろう。例えば，コラージュ4で，「家と庭」という［物体］が登場したのは，接客業のアルバイトが成功した直後であり，それまでの［風景］という遠い距離にあった対象が，少し近づいてきたように思える。アルバイトの対人関係を通して，わずかな安心を得られたので，コラージュ表現においても対象との距離を縮めたのであろう。

　ともあれ，終始登場した［動物］と［風景］は，Wにとって重要なカテゴリーであることに注目したい。つまり，本能や衝動（あるいは意識化されない本

表8-1　内容カテゴリーの推移

Σ【対人】：Σ【対物】	下位カテゴリー
第1期　"大学ではネコを被っている自分"の提示	
・コラージュ1（図8-1）	
1：2	（［動物］）：（［物体］［風景］）
・コラージュ2（図8-2）	
1：1	（［動物］）：（［風景］）
・コラージュ3（図8-3）	
0：1	（0）：（［風景］）
第2期　休学から復学へ	
・コラージュ4（図8-4）	
1：1	（［動物］）：（［物体］）
・コラージュ5（図8-5）	
0：1	（0）：（［風景］）
・コラージュ6（図8-6）	
1：1	（［動物］）：（［風景］）
第3期　感情爆発，少し自由に	
・コラージュ7（図8-7）	
1：2	（［動物］）：（［物体］［風景］）
・コラージュ8（図8-8）	
1：1	（［動物］）：（［風景］）
・コラージュ9（図8-9）	
1：1	（［動物］）：（［風景］）
第4期　"肩の力が抜けた"	
・コラージュ10（図8-10）	
2：1	（［存在］［動物］）：（［風景］）
・コラージュ11（図8-11）	
1：1	（［動物］）：（［風景］）
・コラージュ12（図8-12）	
1：1	（［動物］）：（［風景］）

Wの12回の平均Σ【対人】：Σ【対物】＝0.92：1.17
女子学生の平均Σ【対人】：Σ【対物】＝1.79（SD 1.32）：2.03（SD 1.01）

能や欲動）を象徴する［動物］と距離化・客観化を示す［風景］の対照性はWの葛藤状況を生みだしやすい。つまり，意識化されていない欲動が頭をもたげてこようとすると，距離化傾向のWの側面とぶつかることになるのである。第1期，コラージュ1とコラージュ2はこの葛藤状況を提示するが，自分自身の核たる問題と向かい合うのが辛いのか，コラージュ3は［風景］だけに遠ざかろうとする。しかし，［動物］と［風景］の組み合わせは，Wのテーマである

ため，再び葛藤状況が示される。

　第2期，コラージュ4は距離の近い［物体］を取り込むことができた。しかし，人間をコラージュ表現に取り込むことはできず，実際Wは，「（コラージュに）人はいらない」と言語化し，コラージュ6では，人間部分をわざわざ切り除いた無彩色の新聞の写真を貼った。ただし，ここで用いられた新聞の写真は，Wの「色のついていない写真が欲しい」という要望に応えて，筆者が準備したものである。セラピストに対して，色（感情）にかかわることは嫌なのだという意思表示をしたのであり，治療者・患者関係は築かれていった。その関係に支えられて，コラージュにおいて，自分自身の意志で，選び，切り抜くという積極的な行為が出てきたとも言える。

　第3期も，カテゴリーからみると，［動物］［風景］が繰り返し出現し，治療者・患者関係の地固めをしているようであった。このような対象関係の構築を基盤にして，徐々にWの対人関係への志向性も変わっていった。それまで対人回避を強調していたWであったが，第4期，コラージュ10には遠景ではあるが，「観光客」という［存在］カテゴリーとして初めて人間を登場させることができた。その高揚感がコラージュ11での［動物］と［風景］に反映された。つまり，「大きな鳥」の［動物］と，華やかな花いっぱいの［風景］で，距離が近くなりすぎたようでもあるし，誇大的な自己感情を持ったようでもあった。

　しかし，そういう自分もセラピストが受け入れてくれたように受け入れて，結局最後のコラージュ12では，落ち着いた表現に変わった。つまり，「ネコ」という「自由で気ままなネコが好き」とWが言う［動物］と，緑も多い花畑の［風景］である。そこでは適切な距離感を獲得したようであった。ただし，コラージュ11からコラージュ12への変化は，［動物］と［風景］というカテゴリーの解釈だけでは不十分で，より細かな質的分析に入っていく必要性があるように思われた。

2）様式カテゴリーの推移について

　表8-2に，様式カテゴリーについての推移を示したが，Wの12回の体験型（【表出】：【葛藤】：【後退】）の平均は1.6：0.83：0.16であり，女子学生の平均1.71（SD 0.93）：0.55（SD 0.50）：0.06（SD 0.25）と比較すると，【葛藤】と

表 8-2　様式カテゴリーの推移

Σ表出：Σ葛藤：Σ後退	下位カテゴリー
第1期　"大学ではネコを被っている自分"の提示	
・コラージュ1	
2：0：0	([重ね貼り][くりぬき])：(0)：(0)
・コラージュ2	
2：1：0	([重ね貼り][くりぬき])：([べた貼り])：(0)
・コラージュ3	
0：0：2	(0)：(0)：([余白大][矩形])
第2期　休学から復学へ	
・コラージュ4	
2：1：0	([重ね貼り][くりぬき])：([べた貼り])：(0)
・コラージュ5	
1：1：0	([重ね貼り])：([はみだし])：(0)
・コラージュ6	
2：0：0	([重ね貼り][くりぬき])：(0)：(0)
第3期　感情爆発，少し自由に	
・コラージュ7	
2：1：0	([重ね貼り][くりぬき])：([はみだし])：(0)
・コラージュ8	
2：2：0	([重ね貼り][くりぬき])：([はみだし][べた貼り])：(0)
・コラージュ9	
0：1：0	(0)：([はみだし])：(0)
第4期　"肩の力が抜けた"	
・コラージュ10	
2：1：0	([重ね貼り][くりぬき])：([べた貼り])：(0)
・コラージュ11	
2：1：0	([重ね貼り][くりぬき])：([はみだし])：(0)
・コラージュ12	
2：1：0	([重ね貼り][くりぬき])：([べた貼り])：(0)

Wの12回平均　Σ【表出】：Σ【葛藤】：Σ【後退】＝1.6：0.83：0.16
女子学生平均　Σ【表出】：Σ【葛藤】：Σ【後退】＝1.71（SD 0.93）：0.55（SD 0.50）：0.06（SD 0.25）

【後退】が少し高い。しかし，平均値をみるよりも，体験型の推移をたどった方がWの心の動きがより理解しやすいと思われるため，推移に焦点を当てたい。表8-2をみると，4つの型が繰り返し出現していることが分かる。【表出】：【葛藤】：【後退】＝2：0：0の型で，【表出】だけ強調されるのがコラージュ1とコラージュ6である。初めての自己紹介でもあるコラージュ1では，がんばって良い自分だけを出したのかもしれない。また，コラージュ6は無彩色とい

う感情を排した場面だったので，安心して自己表出できたのかもしれない。

　つぎに，【表出】:【葛藤】:【後退】＝2:1:0の型は，【葛藤】が少しあるものの【表出】傾向の方が強い表現であり，コラージュ2，4，7，10，11，12がこの型である。Wの優位な行動傾向（頻繁に現れる態度や行動）だと思われる。この行動傾向は，【葛藤】を抱えるためにバランスを崩すと危うい。つまり，【表出】:【葛藤】:【後退】＝1:1:0（あるいは2:2:0）という【表出】と【葛藤】が拮抗するまでになってしまうと（コラージュ5と8）持ちこたえることができなくなるのである。そうなると，つぎのコラージュ6のように情緒を排して万能感的自己を守るか，あるいは【表出】:【葛藤】:【後退】＝0:0:2（あるいは0:1:0）の型になってしまう。つまり，【葛藤】や【後退】が前面に出て【表出】が阻害されてしまうのであり，コラージュ3，9にみられた。

　下位カテゴリーについては，12回の出現を合計すると，［重ね貼り］10，［くりぬき］9，［べた貼り］4，［はみだし］5，［余白大］1，［矩形］1となった。［重ね貼り］と［くりぬき］の下位カテゴリーが【表出】カテゴリーとして，［べた貼り］と［はみだし］の下位カテゴリーが【葛藤】カテゴリーとして，［余白大］と［矩形］が後退カテゴリーとして出現し，組み合わせがほぼ決まっている。

　この体験型の推移を言葉に置き換えると，コラージュ1で示されたWのFS外面自己（現実対応する自分）は，外界への対応を適切にでき，自己表現したい積極的な志向性を基本的な行動傾向として持つものであった。あるいは，精一杯がんばってセラピストに「良い自分」を提示したのかもしれない。しかし，次第に不適応感が，［べた貼り］の様式で示され，自己決断回避と臆病さが前面に出てきた。そのため，自己表出欲求と臆病さは葛藤を生み，結局疲れ果てて社会的な場から引っ込むという後退傾向が前面に出た。またがんばって表出傾向を前面に出そうとするが，葛藤状況となり，後ずさりした。このパターンが繰り返される。これらすべてのあり方をセラピストに受け入れてもらう体験をする中でWは徐々に変化し，結局は緊張感を受け入れつつ自己表出もするという型に落ち着いたのである。

3）量的分析のまとめ

　Wのひきこもり傾向は，コラージュ表現ではまず，【対人】カテゴリーに明らかである。つまり，［動物］以外の【対人】下位カテゴリーは，10カードの「観光客」という［存在］が登場するまでは全く出現しなかったのである。実際，親しい友人関係を持たず，怒りや悲しみの感情は抑え，アルバイトもしないという行動制限をしており，これらの回避，抑圧，制止という防衛機制は，まさに外的・内的ひきこもり状態であった。これらは【対物】カテゴリーのうち，欲求や衝動からは遠い［風景］ばかりを選んだこと，しかも［べた貼り］という切ることを回避した表現を選んだことに表れているであろう。つまり，切ることには「攻撃衝動と創造衝動が葛藤する」(Case, 2006)ので，衝動を意識化してこなかったWにとっては，切ることは非常に難しい作業なのである。

　一方，［動物］は［くりぬき］という【表出】様式で表現されていることに注目したい。Wは，意識化されない衝動を象徴する［動物］に固執したが，「青虫」「きりん」「ネコ」「鳥」などの［動物］はくりぬかれており，しっかりした意志を持っているようであった。元来知的能力が高く負けず嫌いのWは，小此木(2000)の言う「受験へのひきこもり」に入ることで，外的，内的ひきこもりを続けていたのであり，勉学にひきこもることで自尊心を保ち，欲求や衝動には目を向けずに来たのである。意識化されてはいないが衝動は存在するのであり，［くりぬき］で表現できたのは，衝動の主体である自分ははっきりしているとも予測できる。ここに，コラージュ査定においては，どのような内容をどのような様式で表現したかを検討することの大切さが示されたと思う。

　このようなWのひきこもり性も，コラージュ療法という非言語的接近をしたからこそ露わになったのである。そして，W自身がその問題から目をそむけず，コラージュ制作を続けたことに意味があったのだと思われる。ただし，内容カテゴリーの推移で明らかなように，Wの興味や関心は限定されていた。また，様式カテゴリーの推移からみても体験の仕方にはW独自の型があった。したがって，劇的な変化を期待するのは無理なのかもしれない。しかし，確実に変容は遂げていったのであり，その変容を見届けるには質的分析が請われるのである。

4）質的分析

第1期　"大学ではネコを被っている自分"の提示

　初回コラージュは制作者の問題点や予後が包括的に示されることが多いが，雪景色の中に立つ大きな木は，しっかりしたWのセルフイメージを感じさせる。もっとも，実や葉のない冬枯れの木であり，情緒を拒絶した骨格だけの強さのようでもある。さらに，根元にある青虫を中心にした左右対称的な構図（左側から犬が吠え，右側の牙を持つぬいぐるみの象との対峙，左右の枝先に2匹の蝶）は，未熟と成長，自己主張欲求と外界の脅威の間に生まれる緊張を表しているようでもある。木の向こうにそびえる夕日を受けた山は，高い自己理想を表し，寒く厳しい中ではあるが，希望は捨てない発展の可能性を感じさせるものである。このコラージュ表現によるWの自己紹介に対して，筆者は「雪の世界だけれど，あちらの山には夕日があたっているね」と，Wの可能性をしっかり認めていることを言語化した。コラージュ2は，荒野と赤い不穏な雲に覆われた背景が全面に貼られ，「果てしない大地にキリンが1頭ぽつんといる。ひとりぽっち，楽しくなさそう」と述べる。孤独感について話題を向けるがそれ以上は言語化されない。言葉での意識化はしないが，コラージュでなら表現できたことに意味を感じ，これからの展開に期待を持った。そして，コラージュ1の青虫はここでは成虫に成長した。コラージュ3は，荒野と雪原の風景写真3枚を台紙の下部に並べ，上部には茜色の空と緑の畑である。寂寥感と豊穣への期待，言い換えれば死と再生のテーマは，［余白］と［矩形］という【後退】様式を用いて表現することができたのである。もっとも1枚1枚ばらばらであり，統合はされていない。

第2期　休学から復学へ

　休学というひきこもり生活に入り，長い逡巡の後，接客業のアルバイトに挑戦した。そこでの成功体験が少し自尊心を高め，コラージュ4で初めて台紙を縦に用いてのびやかなコラージュを作った。「今気分はさわやか」と述べ，「自由でのんびり」のネコを初登場させた。このネコは，自分のことを「外ではネコを被っている」と言い，面接当初の風景構成法でも「じっと川を見つめる黒ネコ」として登場した重要なキャラクターである。Wのペルソナ表象としては

かなり明確なものであり，W自身が意識化しているペルソナである。コラージュ5，6は，再び「青虫」「不穏な大地（宇宙）」，が順次出現し，卑小感，漠とした不安を表した。

第3期　感情爆発，少し自由に

復学直前の不安の高まりを，セラピストの前で大泣きするという行為をしたWは，これまでの固い防衛機制を緩め始めた。コラージュ7の「巨大なユリと気球」では，誇大自己とも言えるペルソナ表象を出現させた。そして，量的分析で拮抗状況の頂点（2：2：0）を示したコラージュ8では，質的にもこれまでと異なるものであった。「夜」の黒い枠を貼り付け（無意識に降りていこうとし），中心の写真は大胆にもはみだしている。その風景は夕暮れ時で，岩山と緑にはさまれた斜面に小川が注ぎ込んでいる。空間的にも，時間的にも移行領域を許容し，エネルギーも流れ出している。そこに，「蝶ではなくカブトムシ」が甲冑を広げて背中をむき出しにし，羽を広げて飛んでいる。「大学ではネコを被っている」「自分を出したくない」と言っていたWの「私も（自分を）出したい，飛びたい」という心の声が聞こえてくる。しかし，コラージュ9での「荒野の白い鳥たち」は，再び，対人関係や感情を拒絶し，知性優位の姿を表した。

第4期　「肩の力が抜けた」

行きつ戻りつしながらも，コラージュ10では，「山と湖のある観光地を訪れる人々と蝶や鳥」の春の景色を表現した。ここで初めて，コラージュ作品に人物が遠景ではあるが登場した。現実生活でも，生まれて初めての友人との小旅行を「楽しかった」と報告したのであった。そのはしゃぎが続いていたのか，あるいは，感情の扉がいっきに開いたのか，コラージュ11は，「鮮やかな花々の中に立つ巨大な鳥」，という表現をした。感情のファンファーレが鳴り響くような華やかさがあり，コラージュ7の「巨大な百合」に似た誇大自己を感じさせるものであった。しかし，次の最終回のコラージュ作品は，陽のあたる花畑に「気ままで自由な」ネコが座っている穏やかな風景になり，Wの本来の傾向を受け入れつつ，焦りのないゆったりしたものになった。

5）その他の情報

自分の弱点をみられてしまう恐怖から休学にまでいたったWであったが，セラピーを続けた結果，まだ人前では震えることもあるが，完璧でなくても良いかなと考えだしている。

6）統合的解釈

自分を主張したいが，欠点のある自分はさらしたくないという，「出す」「出さない」の葛藤や不安，孤独感・寂寥感をコラージュで表現していたWであったが，時に撤退傾向になることを自分に許し，時に誇大自己も表出することで，葛藤状態であったFS（外面自己）とIS（内面自己）の折り合いがついたと考えられる。スコアリング・カテゴリーで示された［動物］と［風景］の拮抗という体験の在り方は，質的分析をすることで，どのような内的動物を抱えているのか，またどのような心象風景を持っているのかが明らかになった。

例えば［動物］も，初回の「青虫」と「蝶」で示される脱皮や変態のテーマを包含したものから，「羽のあるカブトムシ」など，「脱皮，蛹化，羽化，孵化」（大場，2000）というペルソナの変容を示唆する内容があった。また，意識的な自己イメージに近い「ネコ」や「キリン」なども含めて，［動物］と一括したカテゴリーで扱うより具体的な中味を検討することの方が，心の変容を把握できることが分かった。

【対物】の［風景］についても，「雪原」で始まり，「岩山」「無彩色の風景」など，情緒を排した景色から，「青い空」や「花畑」へと変化していったのである。言わば，荒野の死のイメージが去り，緑の世界へと再生を遂げたのだが，それは質的分析を持って完成された。ここに，カテゴリーによるコラージュ解釈の限界をみるのであるが，カテゴリーで枠組みを作ったからこそ質的分析に入っていくことができたとも言えるのであり，限界を知って活用することが大事なのだと思われる。

第 9 章

スコアリングカテゴリーからみた青年期広汎性発達障害

本章では，青年期広汎性発達障害のコラージュ表現に対して，スコアリングカテゴリーを用いて査定をし，その特徴をとらえるのにカテゴリーが役立つことを示したい。広汎性発達障害は現代のトピックであり，さまざまな治療論や教育論・療育論が生みだされている。心理査定に関しても，知能検査やロールシャッハ法などを用いてその特徴が議論されているが，まだ決定的な指標は見いだされていない。コラージュ療法についても，広汎性発達障害の方に実施する機会が多くなったとはいうものの，作品の理解については暗中模索の状態である。

もちろん，広汎性発達障害とひとくくりに言っても，問題の表れ方は多様であり，制作されるコラージュ作品も多様である。しかし同時に，個別性の中に大きな共通性もあり，コラージュ表現の共通特性を理解することが，広汎性発達障害の生き難さを理解することに繋がるのではないかと思われる。

ここでは，学生相談に来た女子学生のコラージュ療法を述べた後，精神科臨床での男性事例を参照のために挙げる。発達障害と疑われる2事例のコラージュ表現について，スコアリングカテゴリーを用いてその特徴を明らかにすることにより，カテゴリーの臨床的有用性を検討したい。

9-1　事例1　注射が怖い女子学生A

自然科学系学部の大学2回生　20代前半

1）問題点

注射が怖い。

2）現病歴

幼少時より注射が怖かった。小学生の時から注射の機会を避けてきた。大学の専門課程に進み，必要となった予防注射の当日，順番を待っている時に，過換気になりしびれと震えが出て，大声で泣きパニック状態になった。担任よりカウンセリングを勧められ，学生相談室に来室し，筆者が担当した。

3）生活歴

小学校の時のクラブ活動（体育系）で，無視されるといういじめにあって以来，自分は嫌われているのではと疑いだした。家族以外は信用しないとAは言う。

4）面接経過

（コラージュ表現に焦点化するため経過は簡略に述べたい。）

第1期　不安障害が前景に出て（X年5月～8月：#1～8）

注射が怖いことは明白だが，入学動機や卒業後の自分ははっきりしていない様子。セラピストの問いと噛み合ないことが多く，終始泣いており，気分が不安定な様子なので，精神科受診を勧めた。

第2期　「赤ん坊」で始まったコラージュ（X年9月～11月：#9～13）

外部実習がうまくいかなかったこと，注射の怖がり度は年々強くなっていること，友だちは信用しても裏切られるので，うわべだけの関係であることなどが語られた。面接の予約時間が守れないことをはじめとして発達障害が疑われたので，現実対処が反映する課題でもあるコラージュ制作に誘った。

＊コラージュ1　タイトル「赤ちゃん生まれた皆うれしい」（図9-1）

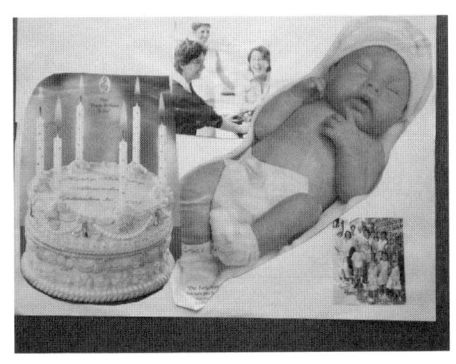

図9-1　Aの第9セッションの「赤ちゃん生まれた皆うれしい」

内容面の【対人】カテゴリーは,「女性の談笑(中央上)」が［友好］に,「赤ん坊」が［子ども］にスコアされて,Σ【対人】＝2である。【対物】カテゴリーは,「バースデイケーキ」が［食物］にスコアされて,Σ【対物】＝1である。したがって,Σ【対人】：Σ【対物】＝2：1となった。

様式のΣ【表出】カテゴリーは,わずかな［重ね貼り］と「赤ん坊」が輪郭にそってくりぬかれているので［くりぬき］がスコアされて,Σ【表出】＝2である。【葛藤】と【後退】に相当する表現はないので,体験型(Σ【表出】：Σ【葛藤】：Σ【後退】)＝2：0：0となった。

「Aは勉強も運動もできるので,とんびが鷹を生んだと言われた」と,ためらうことなく自分を高く評価する。留年が決まったが,「折角入ったから卒業したい」と言うものの,唐突に,「歌手になりたかった」ともつぶやく。Aの話を追体験するのが難しいと筆者は感じた。担当教員との情報交換で,入学時以来,ルールを守れない,悪びれた様子がない等,社会性の乏しさや,コミュニケーションに問題があることなど,発達障害を疑わせる諸行動があることが判明した。これらがA自身の苦しみとして体験されていないことと,スコアリングで【葛藤】【後退】が出現しないことが対応するかもしれない。

＊コラージュ2　タイトル「スマイル」(図9-2)

図9-2　Aの第10セッションの「スマイル」

内容面の【対人】カテゴリーは,「母と子(右)」が［友好］に,「赤ん坊」や「子どもたち」が［子ども］にスコアされて,Σ【対人】＝2である。【対物】

カテゴリーに相当する表現はなく，Σ【対物】＝0である。したがって，Σ【対人】：Σ【対物】＝2：0となった。友だちと「仲良し」でないといけないと思い込んでいるA，子どもっぽいAの現実状況と［友好］［子ども］のスコアリング結果が一致している。

様式のΣ【表出】カテゴリーは，「ビニールトンネルで遊ぶ子」の上に「赤ん坊」が重ねて貼られているので［重ね貼り］に，「ビニールトンネル」がくりぬかれているので［くりぬき］にスコアされて，Σ【表出】＝2である。【葛藤】と【後退】に相当する表現はないので，体験型（Σ【表出】：Σ【葛藤】：Σ【後退】）＝2：0：0となった。相変わらず，現実生活がうまくいかないことを自分の問題としてとらえるのが難しいAの現状は，【葛藤】【後退】が出現しないこととして示されているのかもしれない。

第3期　休学して一息つく（X年11月～X＋1年3月：#14～19）

休学届けを出して少し気が楽になったものの，無為に過ごすことが多い。友人からのメールに返信を出すのもしんどい毎日であった。

＊コラージュ3　タイトル「楽しそう」（図9-3）

図9-3　Aの第14セッションの「楽しそう」

内容面の【対人】カテゴリーは，「母と子（左下）」が［友好］と［子ども］に，「男性の顔（右下）」が［存在］に，「公園でエグジビションをする子どもたち（上）」が［主張］に，それぞれスコアされてΣ【対人】＝4である。【対物】に

ついては,「湖畔の公園(上)」が［風景］にスコアされて,Σ【対物】=1となる。したがって,Σ【対人】:Σ【対物】=4:1となった。この【対人】カテゴリーへの偏りは,「Aはおもしろくないと思われたくない」と述べて,他者から受容されることにのみ腐心するAの在り方に照応するかもしれない。

　様式面の【表出】カテゴリーは,カレンダーの絵の上に「母と子」などが重ねて貼られているので［重ね貼り］に,「男性の顔」がくりぬかれているので［くりぬき］にスコアされて,Σ【表出】=2である。【葛藤】については,カレンダーの絵がそのまま台紙に替わってしまったので［べた貼り］に,「男性の顔」は頭部だけなので［分割］に,「母と子」がはみだしているので［はみだし］にスコアされて,Σ【葛藤】=3である。【後退】に相当する表現はなかったので,体験型(Σ【表出】:Σ【葛藤】:Σ【後退】)=2:3:0である。この［べた貼り］や［はみだし］の表現は,A自身の弱い決断力や日常生活での収まりの悪さが少し意識に上ってきた結果とも考えられる。実際この頃Aは,友人とつき合うことのしんどさだけでなく,母親には「アホな母」と一蹴し,仕事に悩む父親に共感しつつ戸惑う様子を見せて,混乱していた。

＊コラージュ4　タイトル「おいしそう」(図9-4)

図9-4　Aの第15セッションの「おいしそう」

内容面の【対人】カテゴリーは,「女の子」が[子ども]にスコアされてΣ【対人】=1である。【対物】については,「ケーキ(左下)」が[食物]にスコアされて,Σ【対物】=1となる。したがって,Σ【対人】:Σ【対物】=1:1となった。取り入れ欲求の率直な表現である[食物]の出現は,少し元気になりつつあるAの現実と一致するかもしれない。

様式面の【表出】カテゴリーは,「女の子」の上に「ケーキ」などが重ねて貼られているので[重ね貼り]に,「ケーキ」がくりぬかれているので[くりぬき]にスコアされて,Σ【表出】=2である。【葛藤】については,「女の子」が切られないまま貼られたので[べた貼り]にスコアされて,Σ【葛藤】=1である。【後退】に相当する表現はなかったので,体験型(Σ【表出】:Σ【葛藤】:Σ【後退】)=2:1:0となった。この頃,友人からの電話に元気な声で応じなければならないしんどさをAが言及できるようになったが,そのことと【葛藤】の存在が相応するのかもしれない。

＊コラージュ5　タイトル「楽しそう」(図9-5)

図9-5　Aの第17セッションの「楽しそう」

内容面の【対人】カテゴリーは,「母と子(左)」が[友好]と[子ども]に,「男性(右)」が[存在]に,「ピエロ(中央下)」が[主張]に,それぞれスコアされてΣ【対人】=4である。【対物】に相当する表現はなく,Σ【対物】=0となる。したがって,Σ【対人】:Σ【対物】=4:0となった。人に対して非常に関心を寄せるAと一致した結果である。実際,友人の無遠慮な態度に「む

かつく」一方，友人を退屈させていないかを気にするAであった。

様式面の【表出】カテゴリーは，「母と子」に「女性」が重ねて貼られているので［重ね貼り］に，「男性」が輪郭に沿ってくりぬかれているので［くりぬき］にスコアされて，Σ【表出】＝2である。【葛藤】と【後退】に相当する表現はなかったので，体験型（Σ【表出】：Σ【葛藤】：Σ【後退】）＝2：0：0である。注射の練習を勧められたが泣いて暴れるなど，幼児的で感情コントロールの難しさを感じさせるAの現実は依然としてあり，内省に繋がり難い状況が，【葛藤】【後退】が出現しないことに示されているのかもしれない。

＊コラージュ6　タイトル「プレゼントもらった」（図9-6）

図9-6　Aの第19セッションの「プレゼントもらった」

内容面の【対人】カテゴリーは，「木の下の人たち（中央下）」が［友好］に，「女の子（左）」が［子ども］に，「小鳥たち（中央）」が［動物］に，それぞれスコアされてΣ【対人】＝3である。【対物】については，「マフィン（右下）」が［食物］に，「鳥と遊ぶ風景」が［風景］にスコアされて，Σ【対物】＝2となる。したがって，Σ【対人】：Σ【対物】＝3：2となった。この頃，他者のことが気になりながらも，ひとりで映画に行ったり本を読んだりという物とのかかわりができるようになってきた。つまり，他人も気になるが自分の取り入れ欲求を［食物］という表現で満たし，［風景］表現で事態の距離化が少しできるようになった状況を示している。

様式面の【表出】カテゴリーは，カレンダーの絵の上に「女の子」などが重

ねて貼られているので［重ね貼り］に，「女の子」がくりぬかれているので［くりぬき］にスコアされて，Σ【表出】=2である。【葛藤】については，カレンダーの絵がそのまま台紙に替わってしまったので［べた貼り］にスコアされて，Σ【葛藤】=1である。【後退】に相当する表現はなかったので，体験型（Σ【表出】：Σ【葛藤】：Σ【後退】）=2：1：0である。現実適応するのが難しい自分自身に，少し目が向くようになったAの現実が【葛藤】の出現になったのかもしれない。

第4期　脱感作的[17]訓練が効を奏し始める（X＋1年3月〜X＋1年5月：#20〜25）

注射の練習という脱感作的訓練に耐えられるようになった。セラピーには不定期に顔を出し，コラージュ制作にも興味を示さなくなった。現実生活の授業では，同じ班の人たちのサポートのおかげで，安定してきているという情報を担当教員から得た。注射恐怖については，涙は少し出るがパニックまでにはならないとAは述べている。

5）スコアリングカテゴリーからみたAの特徴

コラージュ1〜6の推移を表9-1と表9-2で示す。

表9-1で明らかなように，内容カテゴリーについては，常に【対人】が多く，コラージュ4の得点1を除けば得点2，3，4であり，Σ【対人】についての6枚の平均は2.66となり，女子学生の平均1.79（SD 1.32）と比較すると高い方である。一方，Σ【対物】の値は低く，Σ【対物】についての6枚の平均は0.82となり，女子学生の平均2.03（SD 1.01）と比較すると極端に低い。つまり，Aの6枚のコラージュ表現の平均Σ【対人】：Σ【対物】=2.66：0.82であり，女子学生の平均と比較すると，【対人】が高く，【対物】が低いと言える。人間への関心に偏り，非人称的な事象への興味や関心が低くなっていると言えるであろう。

下位カテゴリーについても偏りがあり，【対人】では，［子ども］がすべてに

17）減感作とも言われる。過敏なものやことに対して徐々に慣れていく治療法のひとつ。

表 9-1　Aの内容カテゴリーの推移

Σ【対人】:Σ【対物】	下位カテゴリー
①コラージュ 1	
2:1	（［友好］［子ども］）:（［食物］）
②コラージュ 2	
2:0	（［友好］［子ども］）:（0）
③コラージュ 3	
4:1	（［友好］［子ども］［存在］［主張］）:（［風景］）
④コラージュ 4	
1:1	（［子ども］）:（［食物］）
⑤コラージュ 5	
4:0	（［友好］［子ども］［存在］［主張］）:（0）
⑥コラージュ 6	
3:2	（［友好］［子ども］［動物］）:（［風景］［食物］）

Aの平均Σ【対人】:Σ【対物】=2.66:0.82
女子学生平均Σ【対人】:Σ【対物】=1.79（SD 1.32）:2.03（SD 1.01）

登場している。さらに，［友好］も6枚の内5枚に登場しているので，Aの基本的な対人関係は［友好］と［子ども］に偏っていると言えるかもしれない。つまり，親しく心地よい関係や依存する関係に固執していると予測される。しかし，最後に「小鳥たち」が［動物］として登場したのは，それまで良い関係だけを求めてきたAが，内なる衝動にも目を向け始めたということかもしれない。【対物】カテゴリーについては，［食物］と［風景］が別々に登場していたが，最後に両方が同時に登場した。取り入れ欲求を前面に出すか，対象を遠くに押しやるかのどちらかであったのが，とにかく同じ場に布置することができたのである。

表9-2で示した様式面については，体験型=Σ【表出】:Σ【葛藤】:Σ【後退】のAの6回の平均は2:0.83:0であり，女子学生の平均（1.71:0.55:0.06）と比較すると，【表出】と【葛藤】が少し高い傾向にあるが大きな差ではない。ここでは，平均値を比べてもあまり意味を見いだせず，むしろ，推移を見ることを強調しておきたい。

下位カテゴリーについては，［重ね貼り］と［くりぬき］がすべてに登場しており，パターン化されているとも言えるであろう。とりわけ，クローズアップの［くりぬき］を［重ね貼り］している様式は，距離感の欠如や対象が迫っ

表9-2 Aの様式カテゴリーの推移

Σ【表出】:Σ【葛藤】:Σ【後退】	下位カテゴリー
①コラージュ1	
2:0:0	([重ね貼り][くりぬき]):(0):(0)
②コラージュ2	
2:0:0	([重ね貼り][くりぬき]):(0):(0)
③コラージュ3	
2:3:0	([重ね貼り][くりぬき]):([べた貼り][分割][はみだし]):(0)
④コラージュ4	
2:1:0	([重ね貼り][くりぬき]):([べた貼り]):(0)
⑤コラージュ5	
2:0:0	([重ね貼り][くりぬき]):(0):(0)
⑥コラージュ6	
2:1:0	([重ね貼り][くりぬき]):[べた貼り]:(0)

Aの平均Σ【表出】:Σ【葛藤】:Σ【後退】= 2:0.83:0
女子学生平均Σ【表出】:Σ【葛藤】:Σ【後退】=1.71(SD 0.93):0.55(SD 0.50):0.06(SD 0.25)

てくる感じを体験しているとも言える。また,［べた貼り］が6回のうち3回に出現しており,選択することの困難を示している。

その他にもカテゴリーではとらえきれない顕著な表現様式として,少ない切片数で終始したこと,台紙を全く無視してカレンダーをそのまま台紙代わりにするなど,独特のやり方がみられた。また,［子ども］でカテゴライズされた表現も,「赤ん坊」から「5～6歳の女の子」まで,6枚のコラージュ表現で変化を遂げており,質的分析を加えてこそAの成長を明らかにすることができる。ここにカテゴリーからだけでは不十分なことが示されたが,体験のパターン化や,興味関心への固執,距離感の欠如などは,カテゴリーでとらえられたと思う。

9-2　事例2　かっとなると大声を出してしまいそうになる青年

事例Uさん　20歳代男性

1）問題点
職場での吐き気や全身締め付けられる感じといらいらが強い。

2）経　　緯

　小学校の頃からいじめられっ子で，疎ましがられ，友だちはいなかった。親はその理由を「Ｕは空気が読めなくて，一方的に話すから」と述べている。大学卒業後，就職した職場は忙しい所で怒鳴られることも多く，「しっかりしろ！」と言われるが，「どうしっかりしていいのか分からなかった」と言う。「すみません」としか言えず，いらいらして帰宅し，母親に大声を出したり，物を投げつけたりした。職場は怖い所という恐怖感やこれまでの数々のいじめを思い出すと耐えられない。

3）コラージュ解釈

＊コラージュ１　タイトル「無題」（図 9-7）

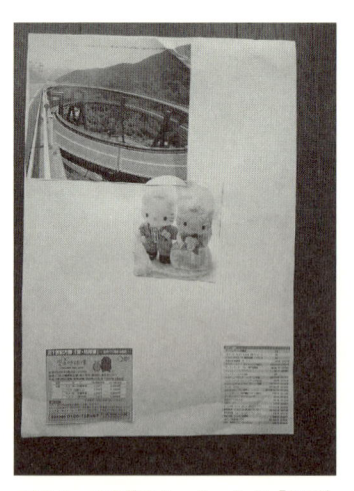

図 9-7　Ｕの第３セッションの「無題」

　内容面の【対人】カテゴリーに相当する表現はなく，Σ【対人】＝0である。【対物】カテゴリーについては，「キティ人形（中央）」が［物体］に，「ループ橋のある景色（左上）」が［風景］に，「公共施設の電話番号（右下）」が［抽象］にスコアされて，Σ【対物】＝3である。したがって，Σ【対人】：Σ【対物】＝0：3となる。【対人】が表現されないことは，対人関係の苦手なＵそのものを示しているようである。

様式面の【表出】カテゴリーに相当する表現はなくΣ【表出】＝0である。【葛藤】については，「愛・地球博（左下）」が［文字挿入］にスコアされてΣ【葛藤】＝1である。【後退】については，余白が3分の1以上なので［余白大］に，すべての切片が長方形であるため［矩形］にスコアされて，Σ【後退】＝2である。したがって，体験型（Σ【表出】：Σ【葛藤】：Σ【後退】）は0：1：2となった。日常生活にしんどさを感じ，仕事にも出て行きたくないUの現状と，【葛藤】【後退】の出現が一致するであろう。

＊コラージュ2　タイトル「美しいもの」（図9-8）

図9-8　Uの第7セッションの「美しいもの」

内容面の【対人】カテゴリーに相当する表現はなく，Σ【対人】＝0である。【対物】カテゴリーについては，「茶碗（右下）」や「書庫（左上）」が［物体］に，左下に貼られた「三日月と花びらの具象的風景」が［風景］に，中央の「模様」が［抽象］にスコアされて，Σ【対物】＝3である。したがって，Σ【対人】：Σ【対物】＝0：3となる。依然として対人関係の苦手なUは【対人】がコラージュに登場しない。

様式面の【表出】と【葛藤】に相当する表現はなく，Σ【表出】＝0，Σ【葛藤】＝0である。【後退】については，余白が3分の1以上であるため［余白大］

に，すべての切片が長方形であることから［矩形］にスコアされるため，Σ【後退】＝2である。したがって，体験型（Σ【表出】：Σ【葛藤】：Σ【後退】）＝0：0：2となった。

4）スコアリングカテゴリーから見たUの特徴

Uのコラージュ1とコラージュ2についてのスコアリング結果を表9-3と表9-4で示す。

表9-3で示したように，内容カテゴリーについては，2枚ともΣ【対人】：Σ【対物】＝0：3である。一般成人男性の平均1.94（*SD* 1.18）：2.00（*SD* 1.07）と比較すると，人間への関心は極端に少ない。あるいは，関心はあるとしても，どうかかわって良いか分からないので避けているのかもしれない。一方，非人称的な事象への興味や関心は平均以上にあると言えるであろう

下位カテゴリーについては，【対人】は出現しなかったのでどのような対人関係を結んでいるのか分からない。U自身が立ち入ることのできない領域なのかもしれない。一方，【対物】の下位カテゴリーについては，［物体］［風景］［抽象］が2回とも同じ形で出現している。【対物】カテゴリーについては，衝動や欲動の対象そのものから，衝動から遠い事象までという軸でとらえるのだが，それに従うと［物体］は中立的，［風景］は距離感のある感情，［抽象］は具体的な感情の洗練化と仮定できる。Uは対象とかかわるが，欲動から遠い事象な

表9-3 Uの内容カテゴリーの推移

Σ【対人】：Σ【対物】	下位カテゴリー
①コラージュ1	
0：3	(0)：（［物体］［風景］［抽象］）
②コラージュ2	
0：3	(0)：（［物体］［風景］[抽象]）

表9-4 Uの様式カテゴリーの推移

Σ【表出】：Σ【葛藤】：Σ【後退】	下位カテゴリー
①コラージュ1	
0：1：2	(0)：［文字挿入］：（［余白大］［矩形］）
②コラージュ2	
0：0：2	(0)：(0)：（［余白大］［矩形］）

ら扱えるということなのかもしれない。
　表9-4に示したように，様式面については，体験型＝Σ【表出】：Σ【葛藤】：Σ【後退】は0：1：2（コラージュ1）と，0：0：2（コラージュ2）であり，【葛藤】の値はコラージュ1と2で異なったが，【表出】と【後退】の値は2回とも変わらず，Σ【表出】＝0，Σ【後退】＝2であった。一般男性の平均1.50（SD 1.0）：0.62（SD 0.75）：0.29（SD 0.50）と比較すると，非常に【表出】が少なく，【後退】が高いと言えよう。
　下位カテゴリーは［余白大］［矩形］が2回とも出現し，かかわることを避けたり，定式的なやり方をするのが，Uの基本的な特徴であるように思われた。コラージュ1では，その基本的な特徴の上に，日常生活での支障を知的側面で補償するかのような［文字挿入］が加わったのではないかと予測される。
　その他にもカテゴリーではとらえきれない顕著な表現様式として，少ない切片数（4枚）で終始したこと，切片の空間配置がコラージュ1と2で全く同じであったことなど，独特のこだわりのやり方がみられた。また，［物体］でカテゴライズされた表現も，「キティ人形」という幼児性と「スチール製の書庫」という無機的で知性を表す物に親和性があることがうかがえ，質的分析を加えてこそUのあり様を明らかにすることができる。ここにカテゴリーからだけでは不十分なことが示されたが，体験のパターン化や，興味関心の狭さ，距離感の増大などは，カテゴリーでとらえられたと思う。

9-3　考　察

　コラージュ・スコアリングカテゴリーからみたAとUの結果には，共通性が一見少ないかのようにみえる。むしろ正反対ではないかとさえ感じるかもしれない。実際，内容カテゴリーについては，Aの6枚のコラージュ表現の平均Σ【対人】：Σ【対物】＝2.66：0.82であり，Uのコラージュ表現は2枚ともΣ【対人】：Σ【対物】＝0：3であった。人への関心に傾くAと，物への関心に傾くUという反対傾向を示したが，両者ともにどちらかに偏っているという点では同じである。
　内容下位カテゴリーからみても，Aは［友好］と［子ども］に，Uは［物体］

［風景］［抽象］に固執している。つまり，Aは仲良く依存できる対人関係に，Uは距離化や知性化にこだわっているのである。

つぎに様式面については，Aの場合は，Σ【表出】とΣ【葛藤】の値が平均的な女子学生よりも少し高いことがみられた。さらに，下位カテゴリーを質的分析と合わせて検討すると，その特徴ははっきりしてきた。つまり，クローズアップの［くりぬき］を［重ね貼り］している様式が何度も繰り返され，Aの距離感の欠如や対象が迫ってくる体験を表しているとも言えるであろう。

一方Uは，Σ【表出】＝0，Σ【後退】＝2であり，非常に【表出】が少なく，【後退】が高い特徴を出現させた。つまり，事態への積極的関与をせず，むしろ事態とかかわらないという距離の増大を示すのである。ここに，AもUもパターン化した体験の型を持ち，事態や対象との距離感が非常に接近しているか，あるいは離れてしまっているかのどちらかで，適切な距離を持ちがたいことがカテゴリーから示されたと言えるであろう。

なお，高機能広汎性発達障害のロールシャッハ・テストの特徴を，北村ら（2006）は「独自の興味関心へのこだわり（固執傾向），全体の文脈把握の困難，情緒体験が希薄・未分化」「人間運動反応は極端に少ないか，パターン化されたものが極端に多く，状況に応じた共感性が不足している」ことを強調している。これらの特徴がAとUのコラージュ表現にもみられたことを，カテゴリーによるコラージュ査定から示されたと思う。

もちろん，Aのコラージュの中でのキャラクターの成長や，Uの幼児性など，質的分析を待たないとみえないことも多いが，とりあえず，固執傾向，過剰か過小の対人関係の偏り，一方通行的でパターン化された体験様式，などという共通性は，カテゴリーからとらえられたと考えたい。

第10章

総合的考察

コラージュ作品の査定の試みとして、投映法ハンドテストのスコアリングシステムを参照して、コラージュ・スコアリングカテゴリーを提案した。査定には、カテゴリーによる量的分析だけでは不十分で質的分析が欠かせないが、本書での質的分析は、社会恐怖の事例と大学生群について言及するのに留まった。質的分析についてはさまざまな視点が可能であり、コラージュ実施者の依って立つ理論や、箱庭研究を含む先行研究が参考になるであろう。また、実施者の臨床経験や臨床感覚がコラージュの理解を助けてくれることも多く、言わば実施者にまかされるような自由さと妙味がある。そのため、本書ではコラージュ初心者でも作品の理解がしやすくなることに主眼を置き、スコアリングで始める解釈に焦点化した。

つまり、ロールシャッハ法をはじめとする投映法の初心者が、まずスコアリングという量的処理をすることでとりかかることができるように、コラージュ表現もまずスコア化するところから始めた。この数量的操作が臨床事例のコラージュ表現理解の枠組み作りに役立つだけでなく、一般群の集計調査にも有用であったと思われる。本章では、その集計調査の総合的所見と、質的分析に導くペルソナの意味、そして、コラージュ解釈仮説の運用やこれからの課題を述べて、本書のまとめとしたい。

10-1 世代の違いとコラージュ表現

青年期（大学生）、中年期（一般成人）、高齢期のコラージュ作品をそれぞれ収集し、コラージュ・スコアリングカテゴリーを用いて各群の特徴を第4、第5、第6章で検討した。本節では、世代の違いとコラージュ表現という観点から3群を比較考察したい。

内容面のカテゴリーであるΣ【対人】：Σ【対物】については、青年期は 1.73：1.81、中年期は 1.87：2.20、高齢期は 1.21：2.13 である。SPSS による二元配置の分散分析と多重比較をした結果、【対人】は $F(2, 306) = 6.57$, $p < .01$, 【対物】は $F(2, 306) = 5.16$, $p < .01$ となり、各群間に有意な差が示された。つまり、【対人】については、高齢者が他のどの群よりも値が低く、対人的関心の低下がみられた。また、高齢者内について内容カテゴリーを要因とする分散

分析を行った結果，有意な差となった $[F(1, 183) = 57.33, p < .001]$。つまり，高齢者は人に対する関心よりも非人称的世界への関心の割合が強くなっていることが示されたのである。高齢者では，対人関係を含む現実生活を超越するような心境に入っているのかもしれない。しかし，各群のΣ【対人】：Σ【対物】の値は異なっていても，どの世代も人や物という私たちを取り巻く両方の世界に目は向けられていた。男女差に関しては，青年期と中年期では，いずれも女性の方が量的な生産性や自己表出傾向を示していたが，高齢期になると，男女差よりも年齢や生活環境や生活態度（本書ではシルバーカレッジで学ぶか，デイサービスを受けるかという生活の違い）が，積極的な表出傾向に影響を与えることがみられた。

様式面についての3つの世代は，体験型（Σ【表出】：Σ【葛藤】：Σ【後退】）の平均が，青年期は1.51：0.76：0.22，中年期は1.81：0.62：0.14，高齢期は1.0：0.49：0.32であり，中年期が自己表出も多く，比較的安定した体験の仕方である。一方，青年期は不適応傾向が大きく，高齢期は表出傾向が少なくなっている。SPSSによる二元配置の分散分析と多重比較をした結果，【表出】は $F(2, 306) = 17.70, p < .001$，【葛藤】は $F(2, 306) = 3.42, p < .05$，【後退】は $F(2, 306) = 3.53, p < .05$ となり，有意な差となった。これは，コラージュ制作という新奇場面に立った時，中年期の人の多くは，迷いなく事に当たれるということであり，FS外面自己（現実対応する自己）が十分機能しているとも言えるであろう。これに対して青年期は，新奇状況への戸惑いやErikson, E. H.（1959）の言う「青年期におけるアイデンティティの拡散」を主とするアイデンティティの未確立のため，無難に対処しきれなかったのかもしれない。また高齢期では自己主張度は少なくなっている。

世代特有のテーマについては，内容面の下位カテゴリーと質的分析から明らかにされることが多いように思われる。例えば，高齢者では，［情動］や［敵意］は全く出現せず，［物体］［食物］［風景］に思いを込めているようであった。つまり，激しい感情表出や衝動の認知は薄れ，思い出の場所や食べ物や行事を回想する場にコラージュ制作がなっているようであった。一方，青年期のコラージュ表現は，［情動］の出現率が他のどの群よりも高く，男性では「キメラ人間」が，女性では「少女」が顕著にみられた。つまり，激しい感情表出と，

内なる衝動性をめぐるアイデンティティの揺らぎや自己愛へのこだわりなどが青年期のコラージュ表現の特徴なのではないかと思う。中年期の人たちは，8割以上の人がタイトルをつけており，イメージの意識化が容易だったのであろう。あるいは，意識レベルに近い素材を選んでのコラージュ制作だったのかもしれない。実際，中年期では，環境問題や社会活動，家族などの具体的で身近なテーマを選んだコラージュ表現が多かった。

　以上のように，カテゴリーを用いてコラージュ査定をしたので，数量化による集団比較が明瞭にできたのではないかと思われる。

10-2　コラージュ表現に投映されやすいペルソナ

　コラージュ療法の開発と実践には箱庭療法が多大な影響を与えたのだが，両者は異なる技法である。これまでも二次元と三次元の違い（三次元のコラージュもありうる）や，施行の容易さと設備の必要などが指摘されているが，投映レベルや投映内容の違いについての言及はあまりみられない。ここでは素材と制作行動の違いが及ぼすペルソナ表出度について触れたい。コラージュ療法にも箱庭療法にもペルソナ表象の素材となる，人間，家，物体は多く登場する。しかし，それらの特徴を変えることは箱庭の玩具では難しい。例えば表情のはっきりしない子どものフィギュアを泣き顔に変えることはできない。一方，コラージュに用いられる素材にはさまざまな表情の人間がいる。また，箱庭では，窓の閉じた家を開いた窓の家に変えることはできない。一方，コラージュではさまざまな窓や扉，玄関など，家と外との接点となる場所を示す素材は選択自由である。ここに，大場（2000）が展開する積極的なペルソナ論を用いて，コラージュを解釈する可能性がある。つまり大場は，顔や仮面を超えたさまざまなイメージ群をペルソナの象徴とみなし，「仮面，顔・面，衣・靴，化粧，皮膚，言葉遣い，名前，器，家，窓」を挙げている。これらのペルソナを象徴する材料が，コラージュには限りなく用意されており，ペルソナ表現がしやすいのである。一方，箱庭の玩具は，あいまいな表情や一般的な形態をしているために，制作者の投影がより投げかけやすく，内的に深まる可能性が大きい。

　つぎに，制作行動の違いについては，切ったり，貼ったりという現実的処理

行動をするコラージュ療法では，セラピスト（あるいは制作の見守り手）が見ている前で，道具を用いてコントロールした行動をするのであるから，「社会に交わる顔」のペルソナで対応しているとも言える。また，重ね貼りなど，内面と表面という層構造的な表現様式も含み，そこにペルソナ表現をみることもある。一方，玩具と向かい合い，行動としては置くだけの箱庭療法では，内的対話が進み，深層世界がより多く投映されるであろう。このように，素材と制作行動からみて，コラージュ表現にはペルソナが反映されやすいと思われる。

　ここで，ペルソナ表現の例を挙げたい。まず，大学生F（p.85に登場）のコラージュ表現では，サンダルとトウシューズに注目すると，素朴な少女から，賞賛を浴びる輝かしい女性へというペルソナの変容願望を感じさせる。大学院生K（p.60に登場）も同じように靴が気になっている。後期青年期の女性にとって，どんな靴を履くか（どんなペルソナを築くか）は，どういう「外」へ出ていこうとしているのかという志向性とも関係している。それにしても，Kのペルソナはまだ学童期少女のような無垢な幼さを感じさせるものである。後期青年期の男性Eのコラージュは多くの男性の顔である。成熟した男性のペルソナ願望を持つものの，ひとつに同一化できない。自分自身を見る自分と見られる自分が錯綜し，「アイデンティティの拡散」が，身体性の問題として出現してきているようであった。社会恐怖のWは，「青虫」「蝶」「カブトムシ」などで「脱皮，蛹化，羽化，孵化」というまさに変態のテーマを，コラージュ表現に出現させ，ペルソナの変容を示した。

　つぎに，グループ・ワークにおけるペルソナ表出の特徴を考えたい。実際，アート活動であるコラージュ制作は，箱庭療法と異なり，グループで施行されることが少なからずある。その時の状況依存的な要素は無視できない。例えば，「隣の人が何を作っているか気になった」「周囲の目があるので，本当に貼りたいものではなかった」などと感想を述べる人があり，内面表出であると同時に，他者との関係性が投映されるのである。Skaif, S.（2002）も，グループでアートをする時のふたつの側面について言及している。つまり，対人関係という「公的な場」と，内的探求という「私的な場」のふたつの側面であり，「このふたつの異なった場に存在するイメージを通じて，内的，外的に対話がなされるが，どちらに傾くか，微妙なバランスが要求される」と述べている。ここには，

個別対応で制作された作品が，自己探求と転移・逆転移という無意識的側面を反映するのとは異なった特徴が出てくる。「社会的学習，同じ問題を持っている時の相互支援，他のメンバーからの有益なフィードバック，役割モデルとして他のメンバーをみることで新しい役割をとる」(Liebmann, M., 1986) というグループ・ワークの特徴は，「社会に交わる時の顔」であるペルソナが優位に登場してくるのである。結局，「ジレンマと緊張」(Skaif, S. & Huet, V., 1998) の中で折り合いをつけ，心の調和を見つけていくのだが，これはまさに，織田 (1992) のいう「ペルソナ－自我－こころ枢軸」の機能に他ならない。つまり，社会的場面に向けての顔であるペルソナが強く働くものの，こころとの対話も含むように自我が機能して，コラージュ制作は成り立つものなのである。

10-3 「コラージュ解釈仮説学習前後」シートを用いて

　初心者にやさしいコラージュ査定をめざして，コラージュ解釈仮説を提案し，その有用性をみてきた。あくまで仮説的ではあるものの，コラージュ・スコアリングカテゴリーという客観的指標の導入は，コラージュ解釈の枠組みを提供し，コラージュ表現を読み取る視点のひとつを与えることができるのではないかと思う。筆者は，このコラージュ解釈仮説の有効性をみていくために，臨床心理学専攻の大学院生や臨床心理士の研修会で実習を試みている。具体的には，1枚の臨床事例のコラージュ作品を見てもらい，「コラージュ解釈仮説学習前後」シート[18]に，コラージュ解釈仮説を学習する前の素朴な解釈を書いてもらう。次に，コラージュ解釈仮説を筆者が解説し，それに基づいたやり方で，解釈を進める。学習結果の感想としては，「学習前は，どこから手をつけて良いか分からなかったが，道筋が分かった」「コラージュを漠然と見て，結局何も見ていなかったが，どう見るのかがよく分かった」など，学習効果を述べる人が多かった。

　ここで，学習前後でコラージュの解釈と理解がどのように異なるかの実例を示したい。用いたコラージュは第7章の臨床事例の「ゆっくりしている」(図

---

18) 解釈仮説を学習するための当シートと，所見提出のためのシートを巻末に添付した (付表1，付表2)。

7-2）であり，年齢と性のみが情報として与えられた。ある臨床心理士は，学習前の解釈として，「題の趣と異なる黒い男子像が浮き立つ。アイテム数少なく，ストーリー性にかける。知的に問題ないが，精神エネルギーが落ちている」と書いた。学習後は，スコアリングをして，関心の向き（Σ対人：Σ対物＝4：1），体験型（Σ表出：Σ葛藤：Σ後退＝2：0：1）を算出した後，「関心の向きは対人関心が大きく，対物が低い。対人場面では年齢不相応に幼い関係性をとり，他者依存的である。男性として社会参加するには，性役割を担えないかもしれない。責任や能力など，自ら持つものを十分発揮できない抑うつ状態にあることを予測させる。体験型では，さほど不適応感を持っていないにしても，社会参加から一歩退いており，社会的に共有できる価値観以外の本人なりの基準を持っている」が述べられた。学習前にもすでに「精神エネルギーが落ちている」と現在の症状については評定している。しかし，その基盤となる対人関係様式や，性役割を含むアイデンティティの問題は，コラージュ解釈仮説を用いることにより明るみに出てきたのである。

このように，事例理解のためにスコアリングカテゴリーが役立つだけでなく，対人援助職の人自身のコラージュを，カテゴリー化することにより，客観的に自己評定することができるのではないかと思う。つまり，「学習前後シート」を用いることで，新たな自己理解ができるかもしれないのである。

10-4　コラージュ解釈仮説の意義と今後の課題

コラージュ解釈仮説の意義は，コラージュ初心者でも，仮説通りに実施すれば，一通りの査定ができるということである。

つまり，スコアリングカテゴリーの定義にしたがって，コラージュ表現をスコア化し，カテゴリーごとに積算すれば，コラージュ表現の内容面（人を貼ったか，動物か，食物かなどの内容）から，何に関心があるのか（人か物か：【対人】か【対物】か）が分かる。そして，人に関心があるのなら，どういう対人関係の持ち方をしているのか，友好的・親愛的，依存的，中立的，自己主張的，情動表出的，本能的・意識化されない衝動などの6つの在り方のうち，どこに重きが置かれているのかが予測できる。また，物に関心があるのなら，どのよ

うな対象を選ぶのかで，敵対的，取り込み欲求的，中立的，距離化した，洗練化したという欲動との距離の軸でとらえることができるのではないかと仮定した。

さらに，コラージュ表現の様式面（切り方，貼り方，空間の使用の仕方）から，事態に積極的にかかわるか【表出】，かかわりたいがうまくできないか【葛藤】，かかわるのを回避するか【後退】，という体験の仕方を，様式カテゴリーでとらえることができるのではないかと仮定した。したがって，どのカテゴリーの値が高いのかで，その傾向が強いことを予測するのである。

しかし，カテゴリーの仮説的意味に基づいた査定が妥当かどうかは，実は分からない。もちろん，統計的処理をして信頼性係数の高いカテゴリーだけを残している。しかし，臨床場面で実際に役に立つかどうかは実践を積んでいかないと分からない。また，制作者自身が，「本当は○○が欲しかったけれど，見つからなかったので貼れなかった」などの感想を述べることがあり，完成されたコラージュ作品が制作者の心にぴったりしたものでないこともある。こんな時，解釈仮説による査定をフィードバックしたとしても制作者に受け入れてもらえないかもしれない。ただ，自我違和感のある作品になったとしても，その人のイメージ表現であることに違いはなく，意識に受け入れ難い側面が出現したとも考えられる。

このような解釈の妥当性は，投映法には避けて通れない問題である。当仮説の考案に投映法ハンドテストがヒントになっているのだが，ハンドテストの解釈仮説（反応されたカテゴリーは被験者の原型的な行動傾向を表す）そのものに，異を唱える人があるかもしれない。しかし，信頼性が高いと言われ，歴史の長いロールシャッハ法ですら，その解釈に価値を置かない人もいるのであるから，解釈が妥当か否か明確な答えがないのは投映法の運命であるとも言える。実際，『ロールシャッハテストはまちがっている―科学からの異議』の著者のひとりである Wood, J. M.（Wood et al., 2006）は，ロールシャッハ法の形態水準スコアの有効性と思考障害を予測することにのみ妥当性を認めており，ロールシャッハ法の適用を縮小することを勧めている。

最後に，コラージュ解釈仮説は始まったばかりであることを強調しておきた

い。当仮説の妥当性や有用性はこれからの実践と研究で明らかになっていくであろうし，より役に立つようなカテゴリーへと修正され，進化していくのが望ましい。提案者としての意図は，コラージュ表現を理解したい，制作者の心に寄り添いたい，というところにある。したがって，カテゴリーという数量化を図ったのも，コラージュの見方，読み方の枠組みを作ったのに過ぎないのであり，質的分析を加えて深みと膨らみのある人格を記述することをめざしたい。

　質的分析には，箱庭療法からのユング心理学や，制作者と見守り手の関係性に注目する精神分析など，深層心理学的アプローチはもちろんであるが，認知機能や知的構成力など，意識的あるいは，発達心理学的視点なども可能かもしれない。査定しようとするコラージュ表現にとって，どのような質的アプローチが適切なのか，その感受性を磨いていくことが必要であろう。コラージュ表現を理解するその第一歩として，スコアリングカテゴリーを提案したが，さらなる実践と研究を続けていきたい。

文　　献

Ades, D. (1986): *Photomontage*. London: Thomas and Hudson Ltd. （岩本憲児訳（2000）：フォトモンタージュ操作と創造―ダダ，構成主義，シュルレアリズムの図像. フィルムアート社.）

Asper, K. (1987): *The abandoned child within: On losing and regaining self-worth*. Olten : Walter Verlag AG. （老松克博訳（2001）：自己愛障害の臨床. 創元社.）

馬場禮子（1997）：心理療法と心理検査. 日本評論社.

Bernadac, M-L. & Bouchet, P. (1991): *Picasso: Le sage et le fou*. Gallimard. （高階秀爾監修（2007）：ピカソ―天才とその世紀. 創元社.）

Carle, E. (1976): *The very hungry caterpillar*. New York: The World Publishing Co. もりひさし訳（1976）：はらぺこあおむし. 偕成社.

Case, C. (1990): The triangular relationship (3): Heart forms-The image as mediator. *Inscape*, Winter, 20-26.

Case, C. (2006): Observation of children cutting up, cutting out and sticking down. *International Journal of Art Therapy: Inscape*, 11(1), 42-52.

土居健郎（1985）：表と裏. 弘文堂.

Erikson, E. H. (1959): *Identity and the life cycle, Psychological issues*, Vol. 1, No. 1. *Monograph 1*. New York: International Universities Press, Inc. （小比木啓吾訳編（1973）：自我同一性. 誠信書房.）

Fullar, P. (1980): *Art and psychoanalysis*. London: Writers and Readers.

服部令子（1999）：対人恐怖症者の表現特徴. 現代のエスプリ No. 386, 143-152.

Henderson, J. L. (1964): Ancient myths and modern man. Jung, C. (Ed.), *Man and his symbols*. London: Aldus Books Limited. （樋口和彦訳（1972）：古代神話と現代人. 河合隼雄監訳 人間と象徴. 河出書房新社.）

Hermary, J. L. (1992): *Trauma and recovery*. New York: Basic Books, a division of HarperCollins Puplishers, Ins.（中井久夫訳（1996）：心的外傷と回復. みすず書房.）

藤掛明（1999）：非行臨床におけるコラージュ療法, 現代のエスプリ No. 386, 219-227.

藤田晶子（1999）：精神病院での取り組み―慢性分裂病者に見られたコラージュ表現. 現代のエスプリ No. 386, 110-117.

藤山直樹（2002）：可能性空間, 小比木啓吾（編集代表）精神分析事典, 岩崎学術出版社, p. 69.

池田満寿夫（1987）：コラージュ論. 白水社.

今村友木子（2006）：コラージュ表現―統合失調症者の特徴を探る. 創元社.

入江茂（1993）：コラージュの成立とその展開. 森谷寛之・杉浦京子編　コラージュ療法

入門．創元社，15-25.
入江茂（1999）：現代絵画におけるコラージュの発想の意義―ピカソのキュビズムの時期を中心に．現代のエスプリ No. 386, 33-41.
石崎淳一（2001）：コラージュに見る痴呆高齢者の内的世界．心理臨床学研究，**19**(3), 278-289.
岩岡眞弘（1998）：コラージュ療法の基礎的研究―高校生の表現特徴．鳴門教育大学大学院修士論文．
Jaffe, A. (1964): Symbols in the visual arts. C. G. Jung (Ed.) *Man and his symbols*. London : Aldus Books Limited. （斎藤久美子訳（1972）：美術における象徴性．河合隼雄他監訳　人間と象徴．河出書房新社，pp. 253-304.）
Jung, C. G. (1964): *Die Beziehungen zwischen dem Ich und dem Unbewußten*. Darmstadt: Reichl. （松代洋一・渡辺学訳（1984）：自我と無意識．思索社．）
Kalff, D. M. (1966): *Sandspiel*. Zurich und Stuttgart : Rascher Verlag. （大原貢・山中康裕訳（1972）：カルフ箱庭療法．誠信書房．）
上別府圭子（1999）：臨床場面におけるコラージュの安全性の再検討―主に精神分裂病者の「貼る過程」について．現代のエスプリ No. 386, 164-174.
金井美恵子（2005）：切りぬき美術館―スクラップ・ギャラリー．平凡社．
河合隼雄編（1969）：箱庭療法入門．誠信書房．
河合隼雄（1991）：イメージの心理学．青土社．
河合隼雄（2000）：イニシエーションと現代．河合隼雄編　心理療法とイニシエーション．岩波書店，pp. 1-18.
河合隼雄・中村雄二郎（1984）：トポスの知―箱庭療法の世界．TBS ブリタニカ．
河合俊雄（2000）：イニシエーションにおける没入と否定．河合隼雄編　心理療法とイニシエーション．岩波書店，pp. 19-60.
木村晴子（1985）：箱庭療法．創元社．
北村麻紀子・小嶋嘉子・千葉ちよ・篠竹利和・高橋道子・前田貴記（2006）：高機能広汎性発達障害のロールシャッハ・テストの特徴―大学生3事例の検討．ロールシャッハ法研究，**10**, 3-15.
Koch, C. (1952): *The tree test*. Bern: Verlag Hans Huber. （林勝造・国吉政一・一谷彊訳（1970）：バウムテスト―樹木画による診断法．日本文化科学社．）
木内喜久江・佐藤昌子・永井真司（1999）：不登校中学生による伝言板的『壁コラージュ』のこころみ．現代のエスプリ No. 386, 203-210.
くまがいマキ（2001）：シュヴァングマイエルの博物館：触覚芸術・オブジェ・コラージュ集．国書刊行会．
日下部康裕・加藤敏・大沢卓郎・山下晃弘（1999）：躁うつ病患者のコラージュ表現．現代のエスプリ No. 386, 132-142.
近喰ふじ子（1993）：心身症治療におけるコラージュ療法の試み―入院患児の治療体験への応用と小児科医の役割．森谷寛之・杉浦京子・入江茂・山中康裕編コラージュ療法入門．創元社．
Landgarten, H. B. (1993): *Magazine photo collage*. （近喰ふじ子・森谷寛之・杉浦京子・

入江茂・服部令子訳 (2003)：マガジン・フォト・コラージュ―心理査定と治療技法，誠信書房.)

Lerner, P. M. (1998): *Psychoanalytical perspectives on the Rorschach*. (溝口純二・菊池道子監訳 (2002)：ロールシャッハ法と精神分析的視点 (上)，金剛出版.)

Liebmann, M. (1986): *Art therapy for groups: A handbook of themes, games and exercises*. Cambridege, Massachusetts: Brookline Books.

箕浦康子 (1970)：テスト紹介―ハンドテスト．臨床心理学研究，**9**，37-41.

森谷寛之 (1987)：心理療法におけるコラージュ（切り貼り遊び）の利用．東海精神神経学会発表．

森谷寛之 (1988)：心理療法におけるコラージュ（切り貼り遊び）の利用．精神神経誌，**90**(5)，450.

森谷寛之 (1990)：心理療法におけるコラージュ（切り貼り遊び）の利用―砂遊び・箱庭・コラージュ．日本芸術療法学会誌，**21**(1)，27-37.

森谷寛之 (1999a)：コラージュ療法におけるアセスメント．現代のエスプリ No. 386，51-58.

森谷寛之 (1999b)：コラージュ療法の実際．現代のエスプリ No. 386，29-32.

森谷寛之 (2003)：心理臨床における私の工夫―コラージュ療法が生まれるまで―．臨床心理学，**3**(5)，631-636.

中井久夫 (1971)：描画を通してみた精神障害者，とくに精神分裂病者における心理的空間の構造．日本芸術療法学会誌，**3**，37-51.

西村善文 (2000)：重症心身障害者へのコラージュ療法の試み．心理臨床学研究，**18**(5)，476-486.

織田尚生 (1992)：深層心理の世界．第三文明社．

岡田敦 (1999)：「大コラージュ・ボックス法」の実際．現代のエスプリ No. 386，78-83.

岡田康伸 (1984)：箱庭療法の基礎．誠信書房．

大場登 (2000)：心理臨床学モノグラフ・ユングのペルソナ再考―心理療法学的接近．創元社．

小此木啓吾 (2000)：ひきこもりの社会心理的背景．狩野力八郎・近藤直司編 青年のひきこもり―心理社会的背景・病理・治療援助，岩崎学術出版社，pp.13-26.

Piotrowski, Z. A. (1936): On the Rorschach method and its application in organic disturbances of the central nervous system. *Rorschach Research Exchange*, **1**, 23-29.

Piotrowski, Z. A. (1957): *Percept analysis*. Zygmunt. (上芝功博訳 (1980)：知覚分析，新曜社.)

Piotrowski, Z. A. (1971): Basic system of all sciences. Harold J. Vetter & Barry D. Smith (Eds.), *Personality theory: A source book*. New York : Appleton-Century-Crofts.

佐々木裕子 (2008)：投影次元の違いによる心理検査法の理解―ハンドテストとロールシャッハ法のテストバッテリーを中心に．筑波大学博士論文．

Schaverien, J. (1987): The scapegoat and talisman: Transference in art therapy.

Dalley, T. (Ed.), *Images of art therapy*. London : Tavistock, pp. 74-108.

Schaverien, J. (1999): The scapegoat: Jewish experience and art psychotherapy group. Campbell, J., Liebmann, M., Brooks, F., Jones, J. & Ward, C. (Eds.), *Art therapy, race and culture*. London: Jessica Kingsley Publishers, pp. 56-67.

Skaif, S. (2002): Keeping the balance: Further thoughts on the dialectics of art therapy. Gilroy, A. & McNeilly, G. (Eds.), *The changing shape of art therapy*. London and Philadelphia: Jessica Kingsley, pp. 115-142.

Skaif, S. & Huet, V. (1998): Dissorance and harmony: Theoretical issues in art psychotherapy groups. Saif, S. & Huet, V. (Eds.), *Art psychotherapy groups between pictures and words*. London: Routledge, pp. 17-43.

せなけいこ（1969）：いやだいやだ．福音館書店．

下山晴彦（1995）：男子大学生の無気力の研究．教育心理学研究，43，145-155．

Stevenson, C. (1998): *The art of handmade paper and collage*. Bothell: Martingale & Company.

鈴木恵（1999）：アメリカにおけるコラージュ療法．現代のエスプリ No.386, 59-66．

滝口正之（1994）：コラージュ療法の基礎的研究―小学生の発達段階による表現特徴．鳴門教育大学大学院修士論文．

滝口正之・山根敏宏・岩岡眞弘（1999）：コラージュ作品の発達的研究（集計調査）．現代のエスプリ No.386, 175-185．

滝平二郎（1969）：花咲き山．岩崎書店．

Wagner, E. E. (1983): *Hand Test manual*. Los Angels: Western Psychological Service. (山上榮子・吉川真理・佐々木裕子訳（2000）：ハンドテストマニュアル　誠信書房)

Wagner, E. E. (2005)：サウスカロライナ洲ワグナー邸でのハンドテスト合宿での示唆．

Wagner, E. E. (2008): Beyond "Objective" and "Projective": A logical system for classifying psychological tests: Comment on Meyer and Kurtz (2006). *Journal of personality assessment*, 90, 402-405.

Wagner, E. E. & Wagner, C. F. (1981): *The interpretation of projective test data*. Springfield: Charles C Thomas Publisher.

Wallon, P., Cambier, A., Engelhart, D. (1990) : *Le dessin de l'enfant*. Presses Universitaires de France. (加藤義信・日下正一訳（1995）：子どもの絵の心理学．名古屋大学出版会．)

Weiner, I. B. (2008): The value of personality assessment in clinical practice. 日本心理臨床学会第27回大会講演．

Weir, F. (1987): The role of symbolic expression in its relation to art therapy: A Kleinian approach. T. Dalley, C. Case, J. Schaverien, F. Weir, D. Halliday, P. N. Hall and D. Waller. *Images of art therapy (Psychology Revivals) ; New Developments in Theory and Practice*. London : Tavistock.

Winnicott, D. W. (1971a): *Playing and reality*. London: Tavistock Publication Ltd. (橋本雅雄訳（1979）：遊ぶことと現実．岩崎学術出版社．)

Winnicott, D. W. (1971b): *Home is where we start from*. Winnicott, C., Shepherd, R.,

Davis, M. (Ed.), (1986) (牛島定信監修　井原成男・上別府圭子・斉藤和恵訳 (1999)：ウィニコット著作集3　家庭から社会へ. 岩崎学術出版社.)

Wood, J. M., Nezworski, M. T., Lilienfeld, S. O., Garb, H. N. (2003): *What's wrong with the Rorschach? Science confronts the controversial inkblot test.* John Wiley & Sons. (宮崎謙一訳（2006）：ロールシャッハテストはまちがっている―科学からの異議. 北大路書房.)

山上榮子 (1993)：分裂病者における投影法についての一考察―風景構成法, ロールシャッハ, ハンドテストの有効性と限界. 日本芸術療法学会誌, **24**(1), 30-39.

山上榮子 (2002)：象徴としての手. 吉川眞理・山上榮子・佐々木裕子　臨床ハンドテストの実際, 誠信書房, 219-237.

山上榮子 (2005)：手のイメージを作り続けること―認知症を伴ううつ病女性のイギリスでのアートセラピー. 日本芸術療法学会誌, **35**, (1・2), 18-30.

山上榮子 (2008a)：虐待を受けた女性の自己回復のためのコラージュ―精神科臨床. 山上榮子・山根蕗　対人援助のためのアートセラピー. 誠信書房, pp.44-54.

山上榮子 (2008b)：社会恐怖の女子学生―キャンパスカウンセリング. 山上榮子・山根蕗　対人援助のためのアートセラピー. 誠信書房, pp.30-43.

山上榮子 (2010a)：コラージュ解釈仮説の試み（その1）―スコアリング・カテゴリーの提案. コラージュ療法学研究, **1**(1), 3-16.

山上榮子 (2010b)：コラージュ解釈仮説の試み（その2）―ペルソナ理論を含む質的分析を加えた統合的解釈をめざして. コラージュ療法学研究, **1**(1), 17-29.

山上榮子 (2012)：大学生のコラージュ表現―コラージュ解釈仮説から見た青年期の特徴―. 神戸学院大学人文学会「人間文化」第31号, 13-25.

山根敏宏 (1995)：コラージュ療法の基礎的研究―中学生の表現特徴. 鳴門教育大学大学院修士論文.

山根敏宏・森谷寛之 (1999)：中学生のコラージュ作品に関する調査研究. 箱庭療法学研究, **12**(2), 90-98.

横山博 (1995)：神話の中の女たち―日本社会と女性性. 人文書院.

吉川眞理 (2000)：学校臨床におけるハンドテスト利用の試み. 心理臨床学研究, **18**(4), 353-363.

吉川眞理 (2002)：ハンドテスト入門. 吉川眞理・山上榮子・佐々木裕子　臨床ハンドテストの実際, 誠信書房.

吉川眞理・山上榮子・佐々木裕子 (2000)：日本人の標準データ　Wagner, E. E. 著　山上榮子・吉川眞理・佐々木裕子訳 (2000)：ハンドテストマニュアル. 誠信書房, pp.244-264.

吉川眞理・山上榮子・佐々木裕子 (2002)：臨床ハンドテストの実際, 誠信書房.

Young, G. R. & Wagner, E. E. (Eds.) (1999): *The hand test: Advances in application and research.* Malabar FL : Krieger.

あとがき

　本書は，筆者の博士学位論文「コラージュ査定の試み―ハンドテストスコアリングシステムを参照して」を加筆修正したものです。この３～４年は寝ても覚めても頭のどこかに「コラージュ」がいる私でした。クリニックで面接をし，大学で授業もし，いい加減ではあるが家事らしきこともしながら，私の日常に，どかっと「コラージュ」はありました。それでも，遊ぶことや非日常が好きな私は，仕事があってもどこか遠くに出掛けてしまいます。そんな時，「コラージュ研究」は机の上に，パソコンの中に閉じ込めてきたはずでした。けれど，旅の先々に，心の中の「コラージュ」はいつも私にくっついてくるのでした。四国の小さな美術館で，サンフランシスコの大きなミュージアムで，コラージュを見つけると，思わず吸い込まれていきました。ひとりの観衆としてその作品にひとしきり見入ったあとは，この制作者はどんな人なのだろうか，どんな気持ちでこの作品を作ったのだろうかと，つい，博論のテーマであるアセスメントにはまっていきました。

　こんな日々が続いていたのですから，私にとっての博論は終わらないのではないかとさえ，先はぼんやりしていました。ところが，終わったのです。しかも好ましい結果をともなって。なんだか実感のないまま授与式を終えて数日後のある朝，右肩と首の回りが妙にこわばっていました。右を向こうとすると，「痛たたっ」と首が回りません。身体化で示された，このメタファーは何なのか，私にとって，コラージュで博論を書くことの意味は何だったのかを考えざるをえないことになりました。

　コラージュ療法はさまざまな場面で行われるようになった昨今ですが，私自身はそれほど熱心に取り組んできたのではありません。むしろ，臨床のツールとしては，描画をはじめとするアートセラピー全般に関心があり，イギリスでのトレーニングがさらにそれを深めていました。ただ，言葉で自分の苦しみを

あとがき

表現できない人の中には，描画という自発的イメージを表出し難い方も少なからずあり，対応に頭を悩ませることもありました。そんな時，かつては箱庭や相互描画法を試みていましたが，どうもコラージュという方法があるらしいということが分かってきました。

もちろん，イギリスでのアートセラピー室にもコラージュ用の雑誌類は山と積まれていましたが，あまり熱心な取り組みはみられませんでした。むしろ，今から思えば立体コラージュや触覚コラージュというべきさまざまな素材を用いたアートが，子どもや高齢者臨床で盛んでした。「簡便な箱庭」（森谷，1987）として再発見され，日本独自の発展を遂げているコラージュ療法を本気で事例に適用したのは，2003年の帰国後です。解離性障害をともなう過食症の女性の回復にコラージュ療法が役立ちました。虐待やレイプなどというすさまじいトラウマを体験している人の「凍りついた記憶」（Herman, 1992）を溶かしてくれる「光と温もり」（Asper, K., 1987）にコラージュがなったのです。

その後も臨床事例のコラージュ作品は確実に増えていきましたが，博士論文としてコラージュ・アセスメントを取り上げるためには，集団のデータが必要でした。大学生，一般成人，高齢者の作品収集には多くの方々のお世話になりました。制作者はもちろんですが，人や場を紹介してくださった方々の存在がなければ博論は完成できていません。この仲介者にお願いし，場を設定し，実施とフィードバックを行うという現実行動は，私の不得手とする外向機能を働かせないとできないことでした。苦手な機能に挑戦できたのも，博論の大きな副産物です。

実際，さまざまなことにぶち当たり，あえぎあえぎ何とか乗り越えてきたように思います。博論のテーマそのものに関係する投映法ハンドテストの長所・短所もあらためてみえてきました。また，長年，こだわり続けてきた投映法によるアセスメントとアートセラピーの統合に自分なりに近づこうとしたようにも感じています。しかし，切ることや組み合わせることの意味，そもそも，そこにすでにある物に注目し意味づけることの意味は？　集団の場とセラピーの場での表現の違いは？　など，本質的な問題は，まだ宿題のままです。

心のエネルギーを借金して博論完成にいたったために,「首が回らなくなった」のかもしれません。どう借りたエネルギーを返していくかは,これからの私のコラージュ臨床にかかっているように思います。ただ,コラージュの本質である組み合わせによる創造性は,日常生活ではごく自然に存在しています。いくつかの食材をどのような料理に仕上げるかは,料理人の好みや体調,スキルと,空間的・時間的調理環境が影響します。そして,何より誰に食べてもらうかで大きく規定されてしまいます。個人の資質と対他者・対物環境との相互作用という自然な行為の中に,その人らしさを見いだすコラージュの可能性を大切にしながら,より深い理解を進めていきたいと,あらためて心した博論制作でした。

　本書の作成にあたり,多くの方々にお世話になりました。まず京都文教大学教授森谷寛之先生にお礼を述べたいと思います。私の心理臨床実践の2本の柱である「アートセラピー」と「投映法によるアセスメント」の中,「コラージュ」と「ハンドテスト」が結びつき,このような論文として結実するには先生のお力添えなくしてはありえませんでした。私の素朴で拙いアイデアを励まし,的確にご指導してくださったお陰で論文となりましたこと,心から感謝しております。
　また,職場である神戸学院大学人文学部人間心理学科の先生方にも感謝を示したいと思います。臨床心理士として精神科臨床とキャンパスカウンセリングの現場で働いていた頃は,博士論文は縁遠いものでした。大学というアカデミックな環境を得たからこそ,博士論文を書こうという意欲も湧いてきたのであり,当学科発達領域に招いてくださった小石寛文先生と清水寛之先生,いつも励ましてくださっている吉野絹子先生,前田志壽代先生に感謝致します。

　本書は理論,集計調査,臨床への適用から成り立っています。理論面では,ハンドテストの開発者 E. E. Wagner 先生,日本でのハンドテスト研究仲間である吉川眞理先生（学習院大学）,佐々木裕子先生（聖徳大学）の支えがありました。また,長年,理解深く臨床の場を用意して下さっている森脇神経内科院長の森脇祥文先生とスタッフに感謝します。さらに,コラージュ療法学会の

西村善文先生（西九州大学），今村友木子先生（金城学院大学）をはじめとする常任理事の先生方にも，ご助言や励ましをいただいたことに感謝したいと思います。

そして，研究や仕事をする私を無条件に受け入れ，支えてくれている家族に感謝を示します。

最後に，セラピーの中で制作されたコラージュ作品の使用を快諾してくださったクライエントの方々に深謝します。臨床場面で表現されるコラージュ作品を理解したいという思いがなければ，本研究は出発しませんでした。そして，出版という世に出す作業にナカニシヤ出版の山本あかね様にご尽力をいただきました。さまざまな出会いに，ただ感謝するのみです。

なお，本書は神戸学院大学人文学会出版助成を受けて出版されたことを記しておきます。

2014年1月　　　　　　　　　　　　　　　　　　　　　　　　　山上 榮子

付　表

付表1

コラージュ（　　　　　）について

解釈試案学習前

解釈試案適用
コラージュ・スコアリング・カテゴリー

友好	敵意	切片30	べた貼り	余白大
子ども	食物	重ね貼り	はみだし	矩形
存在	物体	くりぬき	分割	
主張	風景	創出	文字挿入	
情動	抽象	Σ表出	Σ葛藤	Σ後退
動物	Σ対物			

Σ対人

関心の向き（Σ対人：Σ対物）＝

体験型（Σ表出：Σ葛藤：Σ後退）＝

量的分析

質的分析

統合的解釈

付表2

コラージュ表現所見

実施日
査定者

コラージュ（　　　　　　：　　　制作）について
臨床像および制作時の様子

コラージュ・スコアリング・カテゴリー

内容		様式		
友好	敵意	切片30	べた貼り	余白大
子ども	食物	重ね貼り	はみだし	矩形
存在	物体	くりぬき	分割	
主張	風景	創出	文字挿入	
情動	抽象	Σ表出	Σ葛藤	Σ後退
動物	Σ対物			
Σ対人				

関心の向き（Σ対人：Σ対物）＝
体験型（Σ表出：Σ葛藤：Σ後退）＝
量的分析

質的分析

統合的解釈

人名索引

A
Ades, D.　3
Asper, K.　6, 177

B
馬場禮子　22
Bernadac, M.-L.　2
Bouchet, P.　2

C
Carle, E.　2
Case, C.　4, 140
Cornell, J.　2

D
土居健郎　103
Duchamp, M.　2

E
Erikson, E. H.　83, 163

F
藤掛　明　9
藤田晶子　9
藤山直樹　5
Fuller, P.　5

H
服部令子　9
Henderson, J. L.　4
Herman, J. L.　177
Huet, V.　166

I
池田満寿夫　9
今村友木子　i , 33, 43, 69, 75
入江　茂　2
石崎淳一　9, 33
岩岡眞弘　10, 45

J
Jaffe, A.　8
Jung, C. G.　44

K
Kalff, D. M.　9
上別府圭子　44
金井美恵子　2
河合隼雄　4, 8, 9, 88
河合俊雄　88
木村晴人　ii , 12, 31
北村麻紀子　160
木内喜久江　10
Koch, C.　46
近喰ふじ子　9
くまがいマキ　2
日下部康裕　9

L
Landgarten, H. B.　7, 8
Lerner, P. M.　12
Liebmann, M.　166

M
箕浦康子　15

森谷寛之　i , 8, 9, 22, 31, 46, 75, 177

N
中井久夫　45
中村雄二郎　9
西村善文　9

O
織田尚生　166
大場　登　143, 164
小比木啓吾　140
岡田　敦　9, 45
岡田康伸　ii , 12, 31

P
Picasso, P.　2
Piotrowski, Z. A.　14, 18

S
佐々木裕子　19
Schaverien, J.　4
せなけいこ　2
下山晴彦　86
Skaif, S.　165, 166
Stevenson, C.　2, 3
鈴木　恵　7
Svankmajer, J.　2

T
滝平二郎　2
滝口正之　10, 31

W

Wagner, C. F. 19, 20
Wagner, E. E. 8, 14-16, 18-20, 23, 24, 26, 29, 42, 46
Wallon, P. 29
Weiner, I. B. 5, 23, 26
Weir, F. 5
Winnicott, D. W. 5, 104
Wood, J. M. 168

Y

山上榮子 6, 14, 16, 20, 25, 68, 69, 122
山根敏宏 10, 31, 45
横山博 87
吉川眞理 14, 16
Young, G. R. 15

事項索引

あ

IS（内面自己） 22, 143
アイデンティティ 75
　——の拡散 83, 163
　——の揺らぎ 164
アダルト・チルドレン 114
アニマ 75, 77
アニムス 75, 77
甘えの構造 103
ありふれたもの 3
依存性 103
イニシエーション 75, 87
イメージの意識化 164
イメージの超越機能 4
印象評定尺度 i, 69, 75, 78
内なる二面性 115
FS（外面自己） 22, 143, 163

か

χ^2 検定 69, 70, 73
階層的構造 18
回想法 104
外的・内的ひきこもり 140
外的世界 5
回避 118
解離性全健忘 113
抱える環境 104
学生相談 146
重ね貼り 35, 39, 44, 56, 57, 70, 72, 93, 107, 155
葛藤 32, 35, 40, 44, 58, 73, 96, 102, 107, 137, 154, 158
感覚運動スクリーン 18
環境カテゴリー 17
感情コントロール 152
簡便な2次元の箱庭 9
キメラ人間 45, 71, 76, 86, 163
キャプション 45
境界人 87
距離感 160
　——の欠如 155
　——の増大 159
空間象徴論的解釈 46
矩形 35, 42, 46, 56, 57, 71, 94, 107, 159
くりぬき 35, 40, 44, 56, 70, 107, 139, 155
原型的行動傾向 18, 85
攻撃衝動 140
口唇欲求 82
構造分析 18
後退 32, 35, 58, 73, 96, 107, 137, 154, 158
　——カテゴリー 42, 46
公的な場 165
高齢期 162
固執 155
　——傾向 160
孤独感 141
子ども 29, 30, 34, 36, 43, 55, 69, 91, 103, 106, 154
コラージュ
　壁—— 10

——解釈仮説　　10, 54,
　　　　90, 122
　　　　——の有効性　　166
　　　——査定　　160
　　　——表現　　25
　　触覚——　　2
コンテイナー（容器）
　　　　　　　　　　110

さ
再生　　143
作業療法　　90
査定　　4
ジェンダー　　87
視覚素材表出法　　24
刺激の曖昧性　　23
自己
　　外面——　　19, 103, 139
　　傷ついた——　　81
　　誇大——　　81, 142, 143
　　　——愛の傷つき　　86
　　　——愛へのこだわり
　　　　　　　　　　164
　　　——顕示欲求　　82
　　　——申告目録法　　23
　　　——探求　　166
　　　——理解　　167
　　内面——　　19
思春期　　119
質的スコア　　17
質的分析　　162
私的な場　　165
死のイメージ　　143
社会恐怖　　122
ジャンク・マテリアル
　　　　　　　　　　6
集計的調査研究　　31
重症強迫神経症　　108
自由描画　　25
受験へのひきこもり

　　　　　　　　　　140
主張　　29, 30, 34, 36, 43,
　　55, 69, 92, 106
情緒的コントロール　　64
情動　　29, 30, 34, 36, 42,
　　55, 69, 91, 106
　　　——の側面　　115
食物　　30, 34, 37, 43, 56,
　　69, 92, 107, 154
シルバーカレッジ　　90
事例理解　　167
身体性　　165
人物画テスト　　20
信頼性係数　　49
スクリブル・スクイグル
　　　　　　　　　　20, 25
スケープゴート転移　　4
スコアリングカテゴリー
　　　　　　　　　　146
　　コラージュ・——　　54,
　　　90, 122, 162
スチューデント・アパシー
　　　　　　　　　　86
正解の有無　　23
聖少女の元型像　　85
精神科臨床　　146
性的同一視　　77
青年期　　162
　　　——広汎性発達障害
　　　　　　　　　　146
切片　　30　　35, 38, 44, 56,
　　72, 93, 107
切片数　　59, 73, 97
セルフイメージ　　141
潜在空間　　5
創出　　35, 40, 44, 57, 94,
　　103, 107
創造衝動　　140
素材の平凡さ　　3
外顕的行動　　18

存在　　29, 30, 34, 36, 43,
　　55, 69, 91, 103, 106, 137

た
体験型　　33, 51, 59, 61-64,
　　73, 74, 118, 154
　　　——の推移　　138
対人　　34, 35, 58, 61, 62,
　　64, 65, 72, 95, 134, 153,
　　158
　　　——カテゴリー　　29,
　　　42, 103, 106
　　　——関係の偏り　　160
対物　　34, 37, 58, 61, 62,
　　64, 65, 72, 95, 134, 154,
　　158
　　　——カテゴリー　　29,
　　　43, 107
他者との関係性　　165
脱感作的訓練　　153
知性化　　82
知的な側面　　115
抽象　　30, 34, 38, 43, 56,
　　69, 92, 107, 158
中年期　　162
直接確率計算法　　57, 91
TAT絵画統覚検査　　7
t検定　　60, 73
デイサービス　　90
敵意　　30, 34, 37, 43, 56,
　　69, 92, 107
撤退カテゴリー　　17
転移・逆転移　　4, 166
投映内容　　164
投映法　　162
投影レベル　　13, 15, 19,
　　22, 164
統合型HTP　　24
動物　　29, 30, 34, 36, 43,
　　55, 69, 92, 106, 136, 154

事項索引

トライアングル関係　4

な
内的世界　5
内容カテゴリー　35, 42, 57, 58, 95
　　──の推移　134, 154, 158
内容と様式　28
2元性のスコアリングシステム　28, 33
認知の課題　12

は
箱庭についての基礎的研究　8
箱庭療法　8, 9
箱の旅人　2
パターン化　155, 159, 160
発達的基礎的研究　10
パピエ・コレ　2
パフォーマンス・ベイスド技法　5
パフォーマンス・ベイスド測定　23
はみだし　35, 40, 45, 93, 107
判断軸　ⅰ, 75
ハンドテスト　13, 162
反応の範囲　23
PFスタディ　7

非言語的アプローチ　4
否定と投入　88
描画テスト　5
表出　32, 35, 38, 58, 73, 96, 107, 138, 154, 158
　　──カテゴリー　43
評定者間一致度　50
病理性表現　119
フィードバック　14, 168
風景　30, 34, 38, 43, 55, 69, 107, 136, 154, 158
　　──構成法　24
フォトモンタージュ　3
物体　30, 34, 37, 43, 55, 69, 92, 107, 158
不適応カテゴリー　17
ブラック・ユーモア的表現　76
分割　35, 40, 45, 56, 71, 93, 107
分散分析　58
べた貼り　35, 40, 44, 56, 70, 93, 107, 139, 155
ペルソナ　75, 77, 122
少女──　78, 85
　　──の受容　165
　　──表象　85, 141, 164
冒険者──　87
ベンダーゲシュタルトテスト　25
変態のテーマ　165

ま
マガジン・フォト・コラージュ技法　7
無意識の意識化　88
文字挿入　35, 40, 45, 56, 70, 71, 94, 102, 108, 159

や
友好　29, 30, 34, 35, 43, 55, 69, 91, 106, 154
様式カテゴリー　38, 44, 58, 73, 96, 107
　　──の推移　137, 155, 158
幼児性　82, 160
抑制　78
余白大　35, 42, 46, 56, 57, 71, 102, 108, 159
余白率　59, 73, 97

ら
リビドーの固着　75
量的スコア　17
量的分析　162
臨床的有用性　14
レクリエーション　90
レディメイドの組み合わせ　9
連想（表象）課題　12
ロールシャッハ法　12, 13, 162

著者紹介

山上榮子（やまがみ　えいこ）
臨床心理士，芸術療法士，元・神戸学院大学人文学部准教授
博士（臨床心理学）
主著に，『臨床ハンドテストの実際』（共著，誠信書房），『対人援助のためのアートセラピー』（共著，誠信書房）など。

コラージュの見方・読み方
心理臨床の基礎的理解のために

2014 年 3 月 30 日　初版第 1 刷発行
2017 年 7 月 10 日　初版第 2 刷発行

（定価はカヴァーに表示してあります）

著　者　山上榮子
発行者　中西健夫
発行所　株式会社ナカニシヤ出版
　　　　〒606-8161 京都市左京区一乗寺木ノ本町 15 番地
　　　　　　　　　　　　Telephone 075-723-0111
　　　　　　　　　　　　Facsimile 075-723-0095
　　　　　　Website http://www.nakanishiya.co.jp/
　　　　　　Email　iihon-ippai@nakanishiya.co.jp
　　　　　　　　　郵便振替　01030-0-13128

装幀＝白沢　正／印刷・製本＝創栄図書印刷
Printed in Japan.
Copyright © 2014 by E. Yamagami
ISBN978-4-7795-0828-8

◎オレンジページ，百楽，サライ，ナショナル ジオグラフィックなど，本文中に記載されている社名，商品名などは，各社が商標または登録商標として使用している場合があります。なお，本文中では，基本的に TM および R マークは省略しました。
◎本書のコピー，スキャン，デジタル化等の無断複製は著作権法上での例外を除き禁じられています。本書を代行業者等の第三者に依頼してスキャンやデジタル化することはたとえ個人や家庭内の利用であっても著作権法上認められておりません。